城乡经济一体化趋势下
我国农村居民幸福感提升研究

曹大宇 著

中国财经出版传媒集团

经济科学出版社

Economic Science Press

图书在版编目（CIP）数据

城乡经济一体化趋势下我国农村居民幸福感提升研究/曹大宇著.—北京：经济科学出版社，2020.5
ISBN 978-7-5218-1527-6

Ⅰ.①城… Ⅱ.①曹… Ⅲ.①农民-幸福-研究-中国 Ⅳ.①D422.7

中国版本图书馆 CIP 数据核字（2020）第 073929 号

责任编辑：于海汛　张　萌
责任校对：郑淑艳
责任印制：李　鹏　范　艳

城乡经济一体化趋势下我国农村居民幸福感提升研究
曹大宇　著
经济科学出版社出版、发行　新华书店经销
社址：北京市海淀区阜成路甲 28 号　邮编：100142
总编部电话：010-88191217　发行部电话：010-88191522
网址：www.esp.com.cn
电子邮件：esp@esp.com.cn
天猫网店：经济科学出版社旗舰店
网址：http://jjkxcbs.tmall.com
北京季蜂印刷有限公司印装
710×1000　16 开　8.75 印张　150000 字
2020 年 9 月第 1 版　2020 年 9 月第 1 次印刷
ISBN 978-7-5218-1527-6　定价：38.00 元
(图书出现印装问题，本社负责调换。电话：010-88191510)
(版权所有　侵权必究　打击盗版　举报热线：010-88191661
QQ：2242791300　营销中心电话：010-88191537
电子邮箱：dbts@esp.com.cn)

本书的出版得到国家社会科学基金青年项目"城乡经济一体化趋势下我国农村居民幸福感提升研究"(12CJY054)、江西省乡村振兴战略研究院、江西农业大学经济管理学院、江西省2011协同创新中心"江西现代农业及其优势产业可持续发展的决策支持"的资助。

前　言

使人民过上幸福生活是政府的根本任务。习近平总书记在中国共产党第十九次全国代表大会的报告中指出："中国共产党人的初心和使命，就是为中国人民谋幸福，为中华民族谋复兴。"当前，我国正致力于全面建成小康社会，而全面建成小康社会的一个重要衡量标准就是全体人民生活的幸福。然而，由于长期存在的城乡二元经济社会结构，我国农村经济社会发展远远落后于城市，农村居民的福利水平也远远低于城镇居民。城乡发展的不平衡、农村发展的不充分成为我国发展不平衡不充分的重要体现。因此，补齐农村经济社会发展的短板，提升农村居民的福利水平和幸福感成为我国全面建成小康社会的关键。

进入 21 世纪以来，中国的城乡经济越来越呈现出一体化发展的态势。与此同时，城乡分割的社会治理体制也在发生转变。在城乡经济一体化趋势越来越明显的背景下，农村居民的幸福感可能会随着收入水平的提升而提高，但是也可能由于社会比较对象的变化而受到负面影响，从而出现农村居民虽然收入增加但是幸福感反而下降的局面。在城乡经济一体化趋势下，虽然绝对收入可能对农村居民幸福感仍然具有重要影响，但是农村居民可能会更加注重相对收入的提升，而不是仅仅满足于绝对收入的增长。而且农村居民对相对收入的重视程度可能会随着城乡经济一体化程度的提升而提高。此外，随着城乡经济一体化程度的提升，非物质的、精神层面的因素对农村居民幸福感影响会越来越大，农村居民会更加重视精神文化生活的满足，农村精神文明建设对提升农村居民幸福感具有越来越重要的作用。因此，在城乡经济一体化的趋势下，农村居民幸福感的影响因素可能会呈现出更加多元化的特点，如何提高农村居民的幸福感成为一个迫切需要研究的课题。正是在这样的背景下，本书课题组在国家社会科学基金的资助下，对有关的问题进行了研究。研究内容主要包括以下几个方面：

一是我国农村居民幸福感衡量指标的构建及农村居民幸福感的测量。由于现有的大多数研究中没有设计专门针对我国农村居民的幸福感衡量指标,为了完成本项目的研究设想,首先需要设计一个衡量农村居民幸福感的指标。本书在借鉴现有的幸福感研究中所采用的幸福感评价指标的基础上,结合我国农村的社会经济状况和农村居民的文化素质特点,将农村居民幸福感的衡量指标分解为个人健康状况、个人人身安全状况、个人心情愉悦状况、个人工作或学习成就、家庭经济状况、家庭和睦程度、家人人身安全状况、家人工作或学习成就、人际关系的和谐程度、社会公平状况10个方面,根据农村居民对这十个方面的评价来综合衡量农村居民的幸福感。

在构建了一个衡量农村居民幸福感的指标体系的基础上,本书设计了调查问卷展开调查研究。问卷设计分为6个主要部分:第一部分为被调查人的基本情况,包括性别、年龄、文化程度、婚姻状况等;第二部分为被调查者对其幸福感的10个方面指标当前状况的评价以及对与三年前相比的变化情况的评价;第三部分为被调查者的从业状况;第四部分为被调查者的生活方式及社会认知;第五部分为被调查者的家庭状况;第六部分为被调查者所在村的情况。本书课题组于2014年7~8月对浙江、安徽、江西、湖北、重庆、贵州和甘肃7个省(市)展开了问卷调查,每个省(市)样本量按照农村人口多少而定,采用入户调查的方式,共完成了1200份问卷,有效问卷1169份。

二是城乡经济一体化趋势下,我国农村居民幸福感的变动趋势以及城乡经济一体化程度与农村居民幸福感之间的关系研究。在城乡经济一体化的过程中,农村居民收入会增加,这对其幸福感具有正面的效应。但是,根据相对收入理论,城乡经济一体化过程中农村居民进行社会比较的参照系也可能从农村居民内部转向城镇居民,而由于城镇居民收入水平高于农村居民,因而农村居民的相对收入会下降,从而导致其幸福感水平也随之下降。本书通过对处于不同城乡经济一体化阶段的地区的农村居民幸福感进行横向比较,同时对同一地区农村居民幸福感的变动进行探究,实证性地研究我国农村居民幸福感在城乡经济一体化过程中的变动趋势。利用课题组的调查数据,本书对我国城乡经济一体化及农村居民幸福感的变化趋势进行了描述性统计分析。在此基础上,运用计量经济学模型对城乡经济一体化与农村居民幸福感之间的关系进行了实证分析。本书的实证分析表明,城乡经济一体化趋势下,农村居民的幸福感水平总体上是不断提升的,城乡经济一体化水平与农村居民幸福感之间存在统计上显著的相关关系。这个结果表明城乡经济一体化是有利于农村居民幸福感提升的。

三是城乡经济一体化趋势下,物质因素(主要是指收入)对农村居民幸福感的影响研究。这部分研究首先检验了城乡经济一体化趋势下绝对收入对农村居民幸福感的影响,实证研究的结果表明绝对收入与农村居民幸福感之间存在显著的相关关系,提高绝对收入对于农村居民幸福感的提升具有显著的效应。在考察了绝对收入效应之后,本书考察了相对收入对农村居民幸福感的影响。由于相对收入的概念没有统一的界定,本书考察了三种意义的相对收入:第一,绝对收入与参照收入之比;第二,主观的横向相对收入;第三,主观的纵向相对收入。从实证分析的结果来看,第一种意义的相对收入与农村居民幸福感之间的关系没有得到验证,而后面两种意义的相对收入与农村居民幸福感之间的关系均得到了验证。

四是城乡经济一体化趋势下,非物质因素对农村居民幸福感的影响研究。本书考虑的非物质因素的影响主要包括以下三个方面:第一,人居环境对农村居民幸福感的影响;第二,乡村文化对农村居民幸福感的影响;第三,乡村治理对农村居民幸福感的影响。

在人居环境对农村居民幸福感的影响方面,本书主要从环境污染、居住条件和村容村貌三个角度考察人居环境的影响。实证分析的结果发现,水污染对农村居民幸福感具有显著的负面影响;良好的饮用水水质对农村居民幸福感具有显著的正面影响;良好的村容村貌对农村居民幸福感具有显著的正面影响。

在乡村文化对农村居民幸福感的影响方面,本书主要考察了居民所在村文化活动室的建设与使用情况与农村居民幸福感之间的关系。实证分析的结果表明,所在村是否有文化活动室本身与农村居民幸福感之间不存在显著的相关关系,而居民对所在村文化活动室的使用频率与幸福感之间则存在显著的正相关关系。

在乡村治理对农村居民幸福感的影响方面,本书主要考察了农村社会治安状况、乡村社会风气和对乡村干部的信任状况与农村居民幸福感之间的关系。本书的实证分析没有发现农村社会治安状况与农村居民幸福感之间的相关关系。实证分析的结果发现乡村社会风气与农村居民幸福感之间存在统计上显著的正相关关系。此外对乡村干部是否信任与农村居民幸福感之间也具有统计上显著的相关关系。这表明乡村治理状况在很大程度上会影响农村居民的幸福感。

五是城乡经济一体化趋势下提升我国农村居民幸福感的政策研究。在前面大量的实证研究的基础上,本书提出了一些提升农村居民幸福感的政策建议。主要的建议包括:第一,在提升农村居民绝对收入的同时关注相对收入对农村居民幸福感的影响，尽力缩小城乡居民收入差距以及农村居民内部的收入差距；第二，重视农村人居环境的改善，特别是注意防治农村的水污染，为农村居民提供安全的饮用水，提升农村的村容村貌；第三，重视农村文化建设，加强农村精神文明建设，加强农村文化娱乐活动设施建设，引导农村居民更多参与各种积极健康的文化娱乐活动；第四，改善乡村治理状况，维护良好的农村社会治安状况，塑造良好的农村社会风气，维系乡村干部与农村居民的和谐关系，提高农村基层组织的乡村治理水平。

目 录

| 第 1 章 | **绪论** / 1

1.1 研究背景 / 1

1.2 研究的目的和意义 / 11

1.3 文献综述 / 12

1.4 研究思路与方法 / 18

1.5 研究的主要内容及可能的创新 / 19

| 第 2 章 | **农村居民幸福感的测量** / 21

2.1 现有的幸福感调查概述 / 21

2.2 农村居民幸福感评价指标的构建 / 29

2.3 农村居民幸福感的调查 / 38

2.4 样本分布与特征 / 44

| 第 3 章 | **城乡经济一体化与农村居民幸福感** / 49

3.1 我国经济城乡一体化进程及其发展趋势 / 49

3.2 农村居民幸福感的状况及其特点 / 52

3.3 城乡经济一体化与农村居民幸福感的关系 / 58

3.4 本章小结 / 63

第4章　城乡经济一体化趋势下物质因素与农村居民幸福感 / 64

4.1　引言 / 64

4.2　绝对收入与农村居民幸福感 / 66

4.3　相对收入与农村居民幸福感 / 70

4.4　本章小结 / 78

第5章　城乡经济一体化趋势下非物质因素对农村居民幸福感的影响：乡村环境与幸福感 / 79

5.1　引言 / 79

5.2　环境与农村居民幸福感关系的理论探讨 / 82

5.3　环境与农村居民幸福感的实证分析 / 83

5.4　本章小结 / 91

第6章　城乡经济一体化趋势下非物质因素对农村居民幸福感的影响：乡村文化与幸福感 / 92

6.1　引言 / 92

6.2　文化娱乐与农村居民幸福感关系的理论探讨 / 95

6.3　文化娱乐与农村居民幸福感关系的实证分析 / 95

6.4　本章小结 / 100

第7章　城乡经济一体化趋势下非物质因素对农村居民幸福感的影响：乡村治理与幸福感 / 101

7.1　引言 / 101

7.2　乡村治理与农村居民幸福感的理论分析 / 102

7.3　乡村治理与农村居民幸福感的实证分析 / 103

7.4 本章小结 / 108

|第8章| 提升农村居民幸福感的政策建议 / 110

8.1 政策与幸福感 / 110

8.2 城乡经济一体化趋势下提升农村居民幸福感的政策选择 / 112

8.3 结语 / 114

参考文献 / 116

第1章
绪　论

1.1　研究背景

1.1.1　中国的城乡一体化发展趋势

在新中国成立之初优先发展重工业的战略（林毅夫，2008）及相应的计划经济体制、城乡分割的社会治理体制的支持下，中国逐渐形成并长期存在着城乡二元的经济社会结构。这种二元结构对中国社会的影响是全面而深远的。在经济上，城乡经济发展水平差别巨大，城乡居民收入水平差距悬殊。在社会福利方面，城乡居民也存在巨大差距，城市居民在社会保障、教育、医疗、公共基础设施和服务等方面享有一系列与城镇户口相对应的优先权利，而农村居民则无法享有同等的权利。至改革开放之前，农村的发展水平远远低于城市，城乡之间的差距存在越来越大的趋势。城乡分割的二元经济社会结构长期存在的结果导致我国形成了城市和农村两个相对独立和封闭的社会系统。这种封闭的状态在某种程度上固然有利于维护农村及城市社会的稳定，但是从总体上来看还是不利于我国经济社会发展的。

改革开放以来，随着经济体制改革的不断深入，城乡之间的经济联系不断加强，使我国在保持经济高速增长的同时，城乡二元经济结构也在不断发生变化。一方面，城乡之间的要素流动越来越频繁，农村富余劳动力到城市转移就业的数量越来越多。据统计，截至2016年末，全国农民工总量28171万人，其中，外出农民工16934万人，本地农民工11237万人①。虽然转移到城市就业的农民工绝大部分还无法享有与城市居民同等的福利待遇，但是在客观上加强了城市与农村之间的经济联系，也在很大程度上缩小了城乡居民收入的差距。另一方面，城乡市场之间的联系也越来越紧密。城市居民的食品消费结构变化推动了农业产业结构的调整，而农村居民的消费升级也成为扩大内需的重要途径。然而，从总体上看，直到21世纪初，城乡分割发展的二元经济社会结构并没有得到根本的改变，城乡之间的差距在某些方面甚至还有所扩大。

进入21世纪以后，中国的城乡经济发展越来越呈现出一体化发展的态势，与此同时，城乡分割的社会治理体制也在发生转变。2002年11月，党的十六大提出"统筹城乡经济社会发展，建设现代农业，发展农村经济，增加农民收入，是全面建设小康社会的重大任务"。2006年3月，国家正式通过于2005年十六届五中全会提出的"十一五"规划纲要，其中明确指出要"建设社会主义新农村"，并强调要"建立以工促农、以城带乡的长效机制"。2008年10月，党的十七届三中全会指出，"中国总体上已进入以工促农、以城带乡的发展阶段，进入加快改造传统农业、走中国特色农业现代化道路的关键时刻，进入着力破除城乡二元结构、形成城乡经济社会发展一体化新格局的重要时期"。2012年11月，党的十八大提出并论述了"城乡发展一体化"的新理论，指出"解决好农业农村农民问题是全党工作重中之重，城乡发展一体化是解决'三农'问题的根本途径"，要"形成以工促农、以城带乡、工农互惠、城乡一体的新型工农、城乡关系"。2013年11月，党的十八届三中全会通过的《中共中央关于全面深化改革若干重大问题的决定》提出："城乡二元结构是制约城乡发展一体化的主要障碍。必须健全体制机制，形成以工促农、以城带乡、工农互惠、城乡一体的新型工农城乡关系，让广大农民平等参与现代化进程、共同分享现代化成果。"2016年发布的"十三五"规划纲要提出，要努力缩小城乡发展差距，推进城乡发展一体化。

在一系列政策推动下，我国的城乡逐渐呈现出一体化发展的趋势。一方面，城乡居民收入差距开始缩小。据统计，在统筹城乡发展战略刚刚提出时的2002年，城镇居民人均可支配收入为7702.8元，农村居民人均纯收入为2475.6元，城乡居民人均收入比为3.11，此后几年城乡居民人均收入比仍有所扩大，到2009年达到最高值3.33，此后开始逐步下降。到了2016年，城镇居民人均可支

---

① 国家统计局网站，《2016年农民工监测调查报告》，http://www.stats.gov.cn/tjsj/zxfb/201704/t20170428_1489334.html。

配收入为33616元，农村居民人均可支配收入为12363元，城乡居民人均可支配收入比缩小为2.7∶1①。尽管由于统计口径的改变使得上述对比存在一定的偏差，但是总体上城乡收入差距逐渐缩小的趋势还是非常明显的。另一方面，农村人口也在加速向城镇转移，城镇化率加快提升。根据《国家新型城镇化规划（2014～2020年）》的数据，1978～2013年，城镇常住人口从1.7亿人增加到7.3亿人，常住人口城镇化率从17.9%提升到53.7%，年均提高1.02个百分点；"十二五"时期，我国城镇化率年均提高1.23个百分点，每年城镇人口增加2000万人②。国家统计局发布的《2016年国民经济和社会发展统计公报》显示，2016年末中国的常住人口城镇化率为57.35%，户籍人口城镇化率为41.2%③。由此可见，尽管当前城乡之间还存在很大的差距，在体制上也还存在许多不利于城乡一体化发展的阻碍因素，但是从今后发展趋势来看，城乡一体化发展的趋势将越来越明显。

在城乡一体化程度越来越高的背景下，城市和农村居民的生活都面临着巨大的冲击。对于城市居民而言，城乡一体化发展意味着一些特权的取消，由此而产生许多优越感的消失。对于农村居民而言，城乡一体化发展带来的结果则可能存在不确定性。在城乡分割的背景下，农村居民虽然物质生活条件相对较差，但是很多人也满足于现状，处于"贫穷而快乐"的状态。在城乡一体化发展的过程中，虽然农村居民的生活状况实际上是得到改善的，但是在这个过程中由于农村开放程度的提升，社会参照系的改变，可能反而使得一部分人感觉更差，他们生活的幸福感也可能会降低。虽然城乡一体化发展的最终状态能够让大部分人都感到满意，但是如果这个过程得不到人们的认可，也会产生很大问题，增大进一步改革的阻力。因此，如何在推进城乡一体化发展，尤其是实现城乡经济一体化发展的过程中，尽可能减少对农村居民幸福感的负面冲击，就成为一个值得关注的重要问题。

1.1.2　经济增长与国民幸福感提升之间的不平衡

经济增长是现代国家宏观经济政策的重要目标，以 GDP 增长率衡量的经

---

① 《中国统计年鉴（2016）》《中华人民共和国2016年国民经济和社会发展统计公报》，国家统计局网站 http：//www.stats.gov.cn/tjsj/zxfb/201702/t20170228_1467424.html。
② 国家发展改革委网站：http：//www.ndrc.gov.cn/fzgggz/fzgh/ghwb/gjjh/201404/t20140411_606659.html。
③ 国家统计局网站：http：//www.stats.gov.cn/tjsj/zxfb/201702/t20170228_1467424.html。

济增长速度也成为衡量一个国家经济景气程度的重要标志。尽管近年来随着可持续发展思想的深入人心，在包括经济学家在内的各个学科的学者推动下，各国政府对以经济增长为核心的发展观进行了深刻的反思，但是对GDP的崇拜仍然根深蒂固，在短期内难以根本改变。这种状况的出现源于经济学长期以来形成的注重物质财富增加的传统。从亚当·斯密的《国富论》，到马歇尔的《经济学原理》，经济学家总是把如何增加财富作为经济学研究的中心议题。虽然经济学家也知道增加财富并不是个人、国家以及社会发展的最终目的，但是他们假定财富的增加总是能够促进社会发展的最终目标，即提升人们的幸福感。长期以来，在经济学家的研究中假定财富与幸福之间存在着简单的联系：财富的增加能够自然而然地增进人民的福利水平。即便在当前，主流的微观经济学教科书中的效用理论也总是告诉经济学的初学者：效用（也就是福利）取决于消费商品数量的绝对数量，消费者实现效用最大化的目标要受到收入预算的约束，收入的增加可以扩大消费者的选择集，因此收入水平的提高就能够带来消费者的效用水平及幸福感的提升。对于经济学的这个观点，长期以来很少有人质疑。然而，美国经济学家伊斯特林（Easterlin）的研究发现，自第二次世界大战以来，尽管美国的人均实际收入有了显著的增加，但是所观测到的幸福感水平并没有相应的提高（Easterlin，1974）。这个关于收入和幸福感关系的新发现从传统经济学的角度来看是难以理解的，因此被称为"幸福悖论"（paradox of happiness）。"幸福悖论"引起了经济学家对财富与国民幸福之间关系的重新思考，也激发了经济学家对幸福感研究的更广泛的兴趣。

　　经过几十年的高速经济增长，中国的人均GDP已经接近中等收入国家的水平，但是中国人的幸福感水平是否与中国的经济保持了同步的增长呢？中国是否也存在前面所说的"幸福悖论"呢？虽然对这个问题还没有一个能得到公认的答案，但是从几个数据中还是可以窥见一斑的。

　　首先看一看国际学术界在研究幸福感问题时较为常用的世界价值观调查（World Values Survey，WVS）数据。世界价值观调查是一个全球性的调查项目，它的调查区域包括世界上几十个国家和地区。虽然每年包括的国家或地区并不完全相同，但是一些主要的国家和地区都包含在调查范围之内，因此这个调查的数据对于开展国际比较研究非常重要。从1981年开始，世界价值观每过几年进行一波（wave）调查，已经完成了6波调查，第7波调查于2017年1月开始，计划于 2019 年 12 月完成①。中国从第 2 波开始参加到这个调查项目中，到第 6 波为止共参加了 5 次调查，因此可以获得关于中国居民幸福感的 5 个时点的数据。中国参加的 5 波调查时间分别为 1990 年、1995 年、2001 年、2007 年和 2012~2013 年，前后时间跨度 24 年，样本容量从 1000 个到 2300 个不等。由于 WVS 的调查采取的是随机抽样、入户访问的方法，并且委托国内专业的机构进行调查，因此数据质量比较有保证。此外，WVS 的数据免费向全世界开放，任何一个研究者都可以从 WVS 的官方网站免费获取有关的数据进行以非营利为目的的研究，研究结果具有可重复性，不同学者的研究结果可以相互对比印证，因此 WVS 的数据也成为幸福感研究领域的一个权威数据。本书根据 WVS 第 6 波的数据进行的初步计算发现，中国的 2300 个样本中对幸福感问卷问题进行了有效回答的样本为 2272 个，这些样本的幸福感均值为 1.993838，在参加调查的 61 个国家中排名第 45 位②，排名相当靠后。考虑到中国的经济增长速度远远高于其他国家的事实，中国在国民幸福感上所处的位置与中国在经济增长上所取得的成就显得十分不相称。

再看看国内学术界研究幸福感问题时较为常用的中国综合社会调查（Chinese General Social Survey，CGSS）数据。CGSS 是中国首个全国性、综合性、连续性的大型社会调查项目，其宗旨是通过定期、系统地收集有关中国社会各个方面的数据，总结中国社会变迁的长期趋势，为政府政策决策与国际比较研究提供数据资料，推动国内社会科学研究的开放性与共享性。该调查最初由中国人民大学社会学系与香港科技大学社会科学部合作主持，发展到现在演变为由中国人民大学联合全国各地多家学术机构共同执行。从 2003 年开始，每年一次，对全国各地一万多户家庭进行抽样调查。CGSS 的数据依托中国社会调查开放数据库（Chinese Social Survey Open Database，CSSOD）进行发布，研究者可以通过该数据库申请获得数据的使用权。跟 WVS 的调查类似，CGSS 的调查也是采用随机抽样、入户访问的方式，同时委托专业的调查机构收集数据，因此其数据质量也相当可靠。由于 CSSOD 秉承全面性、开放性和标准化的宗旨，调查主持人对于调查数据的使用优先权只限定在 1~2 年，之后全部数据及相关信

---

① WVS 官方网站：http://www.worldvaluessurvey.org/WVSContents.jsp。
② 在 WVS 的调查中，关于幸福感的选项有四个：veryhappy、ratherhappy、notveryhappy 和 notatallhappy，分别对应数值 1、2、3、4，因此计算出的幸福感均值越大，代表的幸福感水平越低。由于对比的国家数量较多，本书不再详细列举所有国家的幸福感计算结果，感兴趣的读者可以从 WVS 官方网站免费下载数据进行计算。

息向全社会公布。CGSS 的数据能够从 CSSOD 的官方网站免费获得，不过数据使用者需要先进行注册，经 CGSS 项目组审核批准后方能下载数据①。截至 2018 年 4 月，CGSS 已经发布了 2003~2015 年度调查的大部分数据，为国内及国际学者研究中国人的幸福感问题提供了高质量的数据来源。不过，由于 CGSS 仅仅针对国内居民进行调查，因此不能利用 CGSS 的数据进行国际比较研究。尽管如此，鉴于中国国内存在较大的发展不平衡，通过对国内不同地区居民幸福感数据进行比较，同样能够在一定程度上说明国民的幸福感与经济发展水平之间的不平衡问题。

根据 2018 年 1 月 1 日最新发布的 2015 年度 CGSS 调查数据，本书计算出 28 个②省（自治区、直辖市）的样本幸福感平均值。该调查中，关于幸福感的回答选项有五个：非常不幸福、比较不幸福、说不上幸福不幸福、比较幸福和非常幸福，分别对应数值 1、2、3、4、5，由此可见，计算出的幸福感均值越大，代表的幸福感水平越高（与 WVS 数据正好相反）。在 2015 年度的调查中，共调查了 10968 个样本，其中 10953 个样本对有关幸福感的问题进行了有效回答。对这些样本分省计算出各省的幸福感均值，通过与各省 2015 年的人均地区生产总值③进行对比，可以看出各省经济发展水平与幸福感水平之间是否存在不平衡的问题④，具体数据如表 1-1 所示。

表 1-1　　2015 年各地区经济发展水平与居民幸福感的对比

省（自治区、直辖市）	人均地区生产总值（元）	人均地区生产总值排名	CGSS 调查样本量	幸福感均值	幸福感排名
天津	107960	1	288	3.965278	10
北京	106497	2	547	4.078611	2
上海	103796	3	497	3.778672	19

---

① CGSS 的官方网站网址：http://cgss.ruc.edu.cn/index.php?r=index/index，感兴趣的研究者可以在该网站进行注册并免费获取公开发布的数据。
② 缺海南、新疆、西藏 3 个省（自治区）的样本。
③ 《中国统计年鉴》（2016），中国统计出版社 2016 年版。
④ 笔者也注意到，一个年度的幸福感调查数据结果并不能说明全部问题，而且笔者通过对不同年度调查数据计算结果的比较也发现，同一省份在不同年度的幸福感均值及各省幸福感均值在不同年度的排名也存在一定的差异。此外，地区人均地区生产总值与地区人均收入也不是完全对应的。但是总的来说，这种对比还是可以在一定程度上反映幸福感与各省的经济发展水平之间的差别。

续表

省（自治区、直辖市）	人均地区生产总值（元）	人均地区生产总值排名	CGSS调查样本量	幸福感均值	幸福感排名
江苏	87995	4	499	3.93988	12
浙江	77644	5	462	3.98052	8
内蒙古	71101	6	99	4.060606	4
福建	67966	7	293	3.890785	15
广东	67503	8	526	3.762357	20
辽宁	65354	9	395	3.979747	9
山东	64168	10	575	4.067826	3
重庆	52321	11	265	3.686793	26
吉林	51086	12	465	4.025807	6
湖北	50654	13	599	3.69616	25
陕西	47626	14	369	3.756098	21
宁夏	43805	15	94	3.861702	16
湖南	42754	16	475	3.751579	22
青海	41252	17	101	4.029703	5
河北	40255	18	295	4.108475	1
黑龙江	39462	19	588	3.840136	17
河南	39123	20	582	3.957045	11
四川	36775	21	565	3.667257	27
江西	36724	22	476	3.813025	18
安徽	35997	23	397	3.914358	13
广西	35190	24	392	3.584184	28
山西	34919	25	280	4	7
贵州	29847	26	249	3.73494	23
云南	28806	27	385	3.732468	24
甘肃	26165	28	195	3.912821	14
总体			10953	3.867251	

资料来源：CGSS2015，《中国统计年鉴》（2016）。

从表 1-1 中的数据可以看出，地区经济发展水平与居民幸福感水平在很多地方也是不一致的。在表 1-1 中，人均地区生产总值排名前 10 位的地区中，有天津、北京、浙江、内蒙古、辽宁、山东六地幸福感排名在前 10 位。人均地区生产总值排名第 4 和第 7 的江苏和福建，幸福感水平排名分别为第 12 位和第 15 位，仅仅处在中等水平。人均地区生产总值排名第 3 位和第 8 位的上海和广东，居民幸福感水平则排到第 19 位和第 20 位，处于倒数的位置。相反，有些地区人均地区生产总值排名靠后，但是幸福感排名却非常靠前。例如，山西人均地区生产总值排名第 25 位，而幸福感排名则为第 7 位。由此可见，无论是从国际的比较来看，还是从国内的比较来看，我国均存在着较为严重的经济增长与国民幸福感提升之间的不平衡问题。如何在保持经济较快增长的同时使国民的幸福感水平也能得到较快的提升，将成为今后相当长一段时期需要面临和解决的重要问题。

1.1.3 城乡居民幸福感之间的不平衡

中国经济增长过程中出现的城乡和地区之间的不平衡现象已经得到很多的关注，尤其是城乡发展的不平衡已经被认为是中国经济社会发展中最大的不平衡。城乡二元的社会经济结构所产生的巨大的城乡差距，包括收入、教育水平、医疗卫生、社会保障等各个方面的差距都是显而易见的，因此也受到社会广泛的关注。但是，对于城乡居民幸福感之间的不平衡问题却少有人关注。

在城乡居民幸福感是否存在差距的问题上，现有的研究结论是不一致的。有些学者认为，收入差距并不一定导致幸福感的差距，农村居民的收入虽然低于城镇居民，但是由于城镇居民在预期的满足程度、收入变化预期、对生活状态改善的评价等方面可能低于农村居民，因此农村居民的幸福感高于城镇居民也是有可能的。例如，罗楚亮（2006）的研究表明，我国农村居民的主观幸福感高于城镇居民。而有些学者的研究则认为在巨大的城乡差距背景下，农村居民幸福感不太可能高于城镇居民。例如，陈惠雄、吴丽民（2006）通过对浙江省城乡居民的比较，发现城市居民的快乐状况优于农村居民。

由于不同的学者使用的数据不同，他们的研究结论不能进行简单的对比。下面使用 CGSS2015 的数据来分别计算各个地区城镇居民和农村居民幸福感的均值，根据计算结果对城乡居民幸福感状况进行一个简单的比较。详细的计算结果如表 1-2 所示。

表 1-2   2015年各地区城乡居民幸福感水平比较

省（自治区、直辖市）	城镇居民			农村居民		
	样本量	均值	标准差	样本量	均值	标准差
上海	497	3.778672	0.853898	0		
云南	93	3.763441	0.713196	292	3.722603	0.761015
内蒙古	25	3.92	0.862168	74	4.108108	0.987144
北京	519	4.086705	0.762411	28	3.928571	0.81325
吉林	178	3.983146	0.826638	287	4.052265	0.771467
四川	274	3.689781	0.681066	291	3.646048	0.757817
天津	288	3.965278	0.672125	0		
宁夏	47	3.787234	1.102096	47	3.93617	1.34171
安徽	119	3.957983	0.717753	278	3.895684	0.783344
山东	315	4.11746	0.688055	260	4.007692	0.686282
山西	189	3.978836	0.824864	91	4.043956	0.713553
广东	526	3.762357	0.729376	0		
广西	193	3.502591	0.924912	199	3.663317	0.860004
江苏	321	3.931464	0.807179	178	3.955056	0.835783
江西	284	3.795775	0.797866	192	3.838542	0.792619
河北	99	4.20202	0.832746	196	4.061225	0.869026
河南	216	4	0.586674	366	3.931694	0.760844
浙江	341	3.964809	0.722695	121	4.024793	0.735559
湖北	350	3.757143	0.89947	249	3.610442	0.859512
湖南	240	3.791667	0.747614	235	3.710638	0.817342
甘肃	50	4.02	0.936559	145	3.875862	1.22974
福建	193	4	0.79713	100	3.68	0.85138
贵州	177	3.813559	0.607002	72	3.541667	0.871093
辽宁	345	3.991304	0.729315	50	3.9	0.839096
重庆	79	3.835443	0.823227	186	3.623656	0.893387
陕西	106	3.783019	0.925869	263	3.745247	0.791008

续表

省（自治区、直辖市）	城镇居民			农村居民		
	样本量	均值	标准差	样本量	均值	标准差
青海	75	3.986667	1.058981	26	4.153846	0.7317
黑龙江	318	3.880503	0.901207	270	3.792593	1.053204

资料来源：CGSS2015。

从表1-2中可以发现，上海、天津、广东三个地区仅仅抽取了城镇居民的样本，因此对这三个地区无法进行城乡居民幸福感的对比。其他25个地区均同时抽取了城镇居民和农村居民的样本，可以进行城乡幸福感对比。

为了更加直观地对城乡居民幸福感水平进行比较，图1-1将表1-2中能够进行城乡比较的25个省（自治区、直辖市）选出来，以柱状图表示农村居民幸福感，折线图表示城镇居民幸福感。从图1-1中可以更加明显地看出，在25个可以进行城乡比较的省（自治区、直辖市）中，除了青海、内蒙古、吉林、山西、浙江、宁夏、广西等少数几个地区之外，其他大部分地区的城镇居民样本的幸福感水平都高于农村居民幸福感。这表明，我国城乡居民幸福感之间确实存在较为严重的不平衡问题，农村居民的幸福感普遍低于城市居民的幸福感。因此，在我国城乡一体化水平不断提升以及全面建成小康社会的过程中，着重关注农村居民幸福感、着力促进农村居民幸福感水平的提升是非常有必要的。

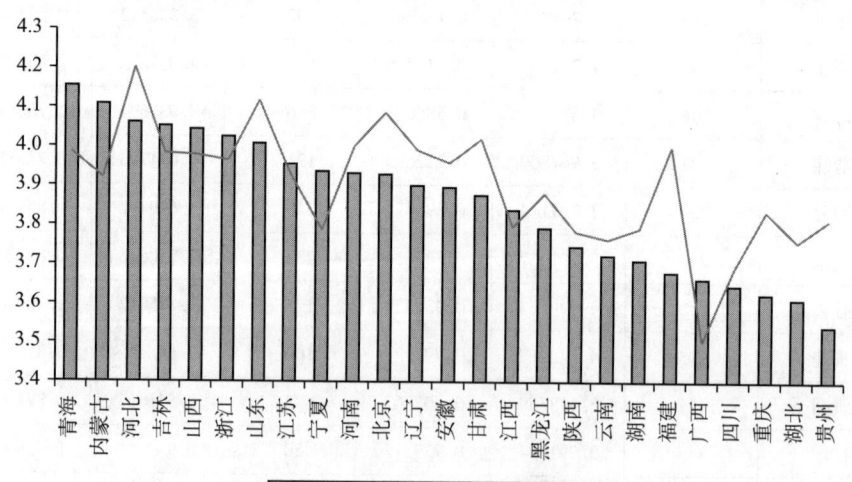

图1-1 城乡居民幸福感水平比较

资料来源：CGSS2015。

1.2 研究的目的和意义

1.2.1 研究目的

基于前述的背景,本书的目的在于探索城乡经济一体化趋势下与农村居民幸福感相关的一些问题的答案,具体如下所述。

(1) 在中国城乡经济一体化的趋势下,农村居民幸福感将呈现什么样的变化趋势?

根据欧阳志刚(2004)的研究,改革初期城乡经济的分割持续推动了城乡收入差距的扩大,而随着城乡一体化发展战略的实施,城乡经济的一体化趋势产生了抑制城乡收入差距继续扩大的效果。因此,城乡经济一体化的过程中,城乡居民收入水平差距的变化可能会有缩小的趋势,这对于提高农村居民的幸福感水平会产生积极作用。从这个角度来看,城乡经济一体化有利于缩小城乡居民之间福利水平的差距,农村居民幸福感水平可能会有上升的趋势。然而,如前所述,收入变化与幸福感变化并不是简单的正向相关关系,仅仅通过考察城乡收入差距的变化并不能揭示农村居民幸福感水平的变化。随着城乡经济一体化程度的提升,城乡之间的社会联系也在不断增强,农村居民对城乡差距的认识也在不断深入。根据社会比较理论,城乡一体化发展可能会使得农村居民的幸福感受到负面冲击。因此,要揭示农村居民幸福感水平的变化趋势,还必须直接对农村居民幸福感进行测量,通过直接观察来研究农村居民幸福感的变化趋势。

(2) 在城乡经济一体化趋势下,影响农村居民幸福感及其变化趋势的因素有哪些?

在对农村居民幸福感水平变化趋势有了比较清楚的认识之后,本书还希望发现产生这种趋势的背后的原因。已有的关于幸福感的研究结果并不能很明确地告诉我们到底什么因素对农村居民的幸福感具有更加重要的影响。经济学家关于幸福感影响因素的研究虽然指出了能够影响农村居民幸福感的一些重要因素,但是关于这些因素在城乡一体化进程如何起作用、不同因素的相对重要性究竟如何等问题仍然有待进一步的研究。

(3) 在城乡经济一体化的过程中,政府应该如何通过政策使得农村居民幸福感与收入水平得到同步提升？

在明确了城乡一体化趋势下农村居民幸福感水平可能的变化趋势及其背后的原因之后，还需要研究的是政府如何才能够通过政策的作用来使得农村居民的幸福感水平在城乡一体化过程中得到进一步的提升。

1.2.2 研究意义

1.2.2.1 理论意义

虽然从伊斯特林提出"幸福悖论"以来，经济学家对幸福感的研究越来越深入，但是总体而言经济学对幸福感的研究仍然处于发展中的阶段。经济学家对幸福感的研究还需要借鉴其他学科研究的成果，幸福经济学的研究也还需要建立在更加坚实的基础上，因此许多幸福经济学的理论假说还需要接受更多经验证据的检验。本书以中国农村居民为对象，所进行的实证研究能够为幸福感的理论研究提供新的经验证据，从而有助于为幸福经济学的相关理论提供更坚实的基础。

1.2.2.2 现实意义

使人民过上幸福生活是政府的根本任务。习近平总书记在中国共产党第十九次全国代表大会上的报告中指出："中国共产党人的初心和使命，就是为中国人民谋幸福，为中华民族谋复兴。"当前我国处在全面建成小康社会的关键时期，解决城乡社会经济发展的不平衡和农村社会经济发展的不充分问题，补齐我国社会经济发展中的短板，要求进一步提高城乡一体化的水平。在城乡经济一体化过程中，农村居民的幸福感如果不能得到同步提升就会影响全面小康社会建设目标的实现。在此背景下，研究农村居民幸福感的变化趋势及其影响因素，为提升农村居民的幸福感提供科学的分析结果，为政府相关的政策制定提供具有参考价值的建议，都具有重要的现实意义。

1.3 文献综述

1.3.1 有关幸福感衡量指标的研究

本书一个重要的特点是对农村居民幸福感相关的问题进行量化研究，而衡量幸福感是对幸福感进行量化研究的前提，因此对幸福感衡量指标进行深入的研究是非常必要的。然而经济学家在制定幸福感衡量指标方面的贡献并不多，在这个问题上贡献较多的是心理学家。许多研究幸福的心理学家把幸福（happiness）定义为主观幸福感（subjective well-being，SWB），又把主观幸福感分为两个部分：情感部分和认知部分。情感包括正向情感和负向情感，情感意义上的幸福感指的是一种基于情感的对自己愉悦程度的评价，表明人们自己感觉有多么"快乐"。认知意义上的幸福感是在一定的信息基础上对自己生活满意度的评价，表明到目前为止生活在多大程度上满足对于"理想生活"的预期。对幸福感的完整的测量应该同时包括情感部分和认知部分。国外常用的情感量表包括情感平衡量表（affect balance scale，ABS）、正向与负向情感量表（positive and negative affect scale，PANAS）等。常用生活满意度量表（the satisfaction with life scale，SWLS）是由迪纳（Diener）等提出的，该量表包括5个问题，每个问题有7个选项，根据回答的总体情况来判断被调查者的幸福感水平[1]（Diener et al.，1985）。与国外相比，国内学者开展幸福感量表研究的时间较晚。邢占军在国内较早编制了一套测量我国城市居民幸福感的量表（邢占军，2003），并以此为基础开展了一系列的研究，研究结果在国内产生了较大的影响（邢占军，2011）。苗元江则整合了主观幸福感与心理幸福感的概念模型与测评指标，在此基础上编制了一个包括9个维度[2]的《综合幸福问卷》（MHQ），并以此为基础开展了一系列实证研究，对国内相关研究也产生了较大的影响（苗元江，2003）。此外，陈惠雄、吴丽民（2006）设计了基于主客观统一性与"主体—环境"整体联系性的快乐指数调查表。徐仲安等（2013）设计了一套包含29个三级指标的幸福指数指标体系用于测量农村居民的幸福指数。然而，这些指标体系的使用范围较为狭窄，往往仅限于作者或其科研团队人员使用，产生的影响并不广泛。

---

[1] 这5个问题分别为：第一，从很多方面看我的生活接近理想（In most ways my life is close to my ideal）；第二，我的生活条件优越（The conditions of my life are excellent）；第三，我对生活感到满足（I am satisfied with life）；第四，到现在为止，我已经忘了我想从生活中获得什么重要的东西（So far I have gotten the important things I want in life）；第五，如果再说一次，我几乎不会做任何改变（If I could live my life over, I would change almost nothing）。选项1~7表示从非常不同意"Strongly Disagree"到非常同意"Strongly Agree"，对5个问题的回答值进行加总，得分31~35表示极其满足"Extremely Satisfied"，5~9代表极其不满足"Extremely Dissatisfied"，其他的为中间状态。

[2] 这9个维度分别为：生活满意、正性情感、负性情感、生命活力、健康关注、利他行为、自我价值、友好关系、人格成长。

虽然使用全面衡量正向情感、负向情感和生活满意度的量表对于幸福感的测量会更加深入细致，结果也更加可靠（Krueger and Schkade，2008），但是经济学家还是倾向于采用直接向被调查对象提出一个单一的有关幸福感的问题，让被调查者选择一个能够代表其幸福感状态的答案的方式来测量幸福感。这样做的原因可能在于，虽然包含多个问题的量表测量结果的可靠性更高，但是获得数据的成本也更高，难以进行大规模调查，也不太容易结合其他社会经济指标进行研究；相反，单一问题的测量虽然可靠性稍差，但是通过大量调查得到的大量数据可以在一定程度上弥补测量的缺陷。目前学术界广泛使用的一些比较权威的大型调查数据库中有关幸福感的数据都是用单一问题指标来测量的，比如前面提到的世界价值观调查（WVS）、美国的一般社会调查（general social survey，GSS）等。

总的来说，要实现本项目的研究目标，还不能直接套用现有的幸福感衡量指标，但是现有的指标设计思想以及学术界对于现有指标的运用状况也为本书的研究设计出一套适合中国农村居民幸福感衡量的指标体系提供了重要的参考。

1.3.2 有关幸福感影响因素的研究

有关幸福感影响因素的研究在幸福感研究中占据重要地位。关于影响幸福感的因素，经济学家主要关注经济因素的影响，近年来也不断加深对制度因素、环境因素与幸福感关系的研究。

1.3.2.1 有关经济因素对幸福感的影响研究

在经济因素方面，收入与幸福感的关系是研究的重点。第二次世界大战之后，经济学家最早进行的有关幸福感的研究是伊斯特林（Easterlin，1974）关于收入和幸福感关系的研究，他发现第二次世界大战以后尽管美国人均的实际收入提升明显，但是幸福感水平并没有相应的提高，这个发现被后来的学者称为"伊斯特林悖论"，或"幸福悖论"。此后，弗雷和斯图策（Frey and Stutzer，2002）对日本的研究以及克拉克、弗里特斯和希尔斯（Clark，Frijters and Shields，2008）对欧洲国家的研究也都发现"幸福悖论"的存在。随着不断有研究证实"幸福悖论"的存在，经济学家对收入与幸福感之间的关系提出了新的解释。主要的思路是利用相对收入理论，强调相对收入的重要性。例如，有些学者（Clark and Oswald，1996；Easterlin，2001；Luttmer，2005；Ferrer-i-Carbonell，2005；等等）

认为相对收入对主观幸福感的影响比绝对收入更大。不过，也有研究认为绝对收入和相对收入对幸福感有几乎同等的重要性（Frank，1984；Oswald，1997等）。与国际上的研究相比，国内的研究起步较晚，但是发展比较迅速，近年来相关文献迅速增加。在有关"幸福悖论"解释的理论研究方面，田国强、杨立岩（2006）构建了一个规范的经济学理论模型，在此基础上利用数据检验了现实收入与临界收入水平之间的关系对幸福感所具有的决定性的作用。彭代彦、吴宝新（2008）讨论了收入差距与幸福感的关系，区分了农业收入差距和非农收入差距对农村居民生活满意度的不同影响。罗楚亮（2009）讨论了绝对收入与相对收入在主观幸福感决定中的作用。刘军强、熊谋林、苏阳（2012）利用中国综合社会调查（CGSS）5个年份的数据进行的实证研究表明，个人收入与幸福感之间存在显著的正相关关系。相关的文献还有官皓（2010），任海燕、傅红春（2011），邢占军（2011）等。

随着研究的深入，收入之外的其他经济因素对幸福感的影响也得到了广泛的研究，其中失业对幸福感的影响是研究的重点。首先，个人的失业通常能够使人产生强烈的不幸福感。克拉克和奥斯瓦尔德（Clark and Oswald，1994）对英国的研究、温克曼和温克曼（Winkelmann and Winkelmann，1998）对德国的研究均发现失业对生活满意度有显著的负面影响。为什么失业会使人如此不幸福？温克曼和温克曼（1998）的研究表明，失业对幸福感的影响主要在于非金钱成本，主要包括精神成本和社会成本两个方面。其次，宏观的失业率上升也能使人的幸福感下降。迪特拉等（Di Tella et al.，2001）的研究发现，当欧洲的失业率提高1%，社会平均的生活满意度下降0.028个单位（共4个等级）。迪特拉等（Di Tella et al.，2003）提出，失业率的提高主要通过两个途径影响社会总体的幸福感：（1）直接效应，即实际失业者幸福感的降低；（2）间接效应，即由于失业率提高意味着在职者今后失业的可能性会增加从而使其产生恐惧心理。

关于GDP对于幸福感的影响也得到了研究者的关注。迪特拉等（2003）把被调查者的家庭收入所处的相对位置作为控制变量，从而得出GDP的绝对数量增加对幸福感的影响，结论是：GDP的高低与幸福感有很强的相关关系。此外，通过把GDP的增长率引入他们的模型发现GDP的增长率对幸福感也有显著的影响。

另一个影响幸福感的重要的经济因素是通货膨胀。迪特拉等（2001）对欧洲十二个国家的研究的结果表明，通货膨胀率上升能够使平均幸福感下降。

1.3.2.2 有关非经济因素对幸福感的影响研究

经济学家关于影响幸福感因素的早期研究主要集中在经济因素方面，而近年来，非经济因素与幸福感之间的关系开始得到经济学家越来越多的关注。一个重要的研究领域是环境质量与幸福感的关系，其中大部分是对发达国家空气污染与幸福感之间的关系进行的研究。韦尔什（Welsh，2002）发现以城市二氧化氮排放表示的空气污染对于居民的主观幸福感具有显著的负面影响。韦尔什（Welsh，2006）发现二氧化氮和铅的浓度增加对居民幸福感具有显著的负面影响。卢埃钦格（Luechinger，2009）发现居民的主观幸福感受到二氧化硫浓度变化的影响。韦尔什（Welsch，2007）、雷丹兹和麦迪逊（Rehdanz and Maddison，2008）也对空气污染与生活满意度的关系作了研究。此外，有些学者（Bernard, Van Praag and Baarsma，2005；Rehdanz and Maddison，2008）研究了噪声污染对居民幸福感的影响。近年来，还有一些学者研究了关注气候条件与幸福感之间的关系。雷丹兹和麦迪逊（Rehdanz and Maddison，2005）发现，在未来全球气候变暖的情况下，样本中大部分国家的生活满意度下降。不过，贝切蒂、卡特里奥塔和贝多亚（Becchetti, Cartriota and Bedoya，2007）则认为总体来看全球气温升高所带来的是正的收益而不是负的收益。卡罗尔、弗里特斯和希尔斯（Carroll, Frijters and Shields，2009）发现，发生在春季的干旱会导致农村地区居民生活满意度的大幅下降。此外，卢埃钦格和拉施凯（Luechinger and Raschky，2007）研究了洪灾对生活满意度的影响，表明洪灾对居民生活满意度有显著的影响。

与国外的研究相比，国内对环境质量与幸福感之间关系的研究起步稍晚，但近年来研究进展较快，研究的重点也是考察环境污染，尤其是空气污染对居民幸福感的影响。黄永明、何凌云（2013）利用中国综合社会调查数据（CGSS）从主观污染感知和客观污染程度两个方面评估了环境污染对我国城市居民主观幸福感的影响，发现居民的工作环境和居住环境对他们的主观幸福感有重要的影响，工作环境和生活环境更差的居民更容易感到不太幸福，而空气污染则显著地降低了居民的主观幸福感。郑君君、刘璨、李诚志（2015）同样从客观的环境污染程度和主观的环境污染感知两个维度研究环境污染对中国居民幸福感的影响，但是他们的研究认为客观的环境污染因素对于居民幸福感的影响通过经济增长的传导而对居民的整体幸福感产生了正面的作用，而主观的环境污染感知与幸福感之间则存在显著的负相关关系。武康平、童健、储成君（2015）使用 2010 年的 CGSS 数据检验环境污染与居民幸福感之间的关系，发现环境污染对居民幸福感具有显著的负面影响，特别是空气污染对居民幸福感具有较大的负向影响。近几年开始有研究关注社区环境与居民幸福感之间的关系。聂建亮、钟涨宝（2017）基于对湖北省农村老年人的问卷调查，分析了环境卫生、社会治安与农村老人幸福感的关系，研究发现农村老人对所生活地区的环境卫生及社会治安状况的主观感知对其幸福感具有显著的影响。陈叶秀、宁艳杰（2015）在社区环境调查问卷和主观幸福感量表的基础上分析了影响居民主观幸福感的社区环境因素。

1.3.2.3 有关政策对幸福感影响的研究

关于政策能否影响幸福感以及如何发挥政策在提升幸福感上的作用，国内学者已经有了一定的研究。汤凤林、甘行琼（2013）认为由于收入在提升幸福感方面的边际效果是递减的，因此政府要在深入了解民众需求的基础上提供有助于国民幸福水平提升的公共物品，关键在于国民幸福最大化目标下的财政资金规模是否得当、使用方向是否合理。为此，要改变自上而下的公共物品供给方式，加强基于幸福视角的公共支出绩效管理。汤凤林、雷鹏飞（2014）发现，中国区（县）一级的公共支出总量不仅直接提高了居民幸福感，还通过缩小收入差距间接提高了居民幸福感。在安排各项公共支出时应向低收入者倾斜，以缩小收入差距，提高居民幸福感。王磊（2016）通过调查发现，52%的被调查者最希望国家提供经济支持，58%的被调查者希望国家提供更多的物质支持，40%的调查者希望国家提供更多精神和文化方面的支持来提升自身家庭的幸福感。

1.3.3 有关城乡居民幸福感的比较研究

目前国内有关城乡居民幸福感比较的文献还较少。罗楚亮（2006）认为我国农村居民的主观幸福感高于城镇居民，主要原因在于城乡分割导致了城乡居民在预期的满足程度、收入变化预期、对生活状态改善的评价等方面存在差异。不过，陈惠雄、吴丽民（2006）通过对浙江省城乡居民快乐状况的比较分析发现城市居民的快乐状况优于农村居民。邢占军（2006）把他自己编制的中国城市居民主观幸福感量表同时用于对城市居民和农村居民幸福感的测量，通过对城乡居民主观生活质量的初步比较认为农村居民的主观生活质量低于城市居民，他把这种差距归结为城乡经济社会发展中客观存在的差距。此外，耐特、宋和古纳提拉卡（Knight, Song and Gunatilaka, 2009）讨论了中国农村居民幸福感的影响因素。耐特和古纳提拉卡（Knight and Gunatilaka, 2010）对中国农村到城市移民的幸福感进行了研究。

1.3.4 对现有文献的简要评价

通过对现有文献的梳理，可以发现国内外已有的研究为本书的研究提供了重要的理论基础和应用借鉴，是本书研究的重要基础，但是也存在一些问题：

一是国外的研究主要是以西方发达国家的居民为对象，虽然也有一些研究讨论经济社会转型过程中个体幸福感的变化问题，但是很少有研究特别关注农村居民幸福感的问题。

二是国内的一些研究虽然涉及农村居民的幸福感问题，但是往往从静态的角度研究农村居民幸福的影响因素，而较少研究农村居民的幸福感在城乡经济一体化过程中的变化趋势以及相应的影响因素；在进行幸福感的比较研究时，多是对农村与城市居民在幸福感方面的差异进行对比，较少有研究对不同地区农村居民幸福感进行对比。

三是目前国内对农村居民幸福感的研究大多数使用与城市居民同样的幸福感衡量方法，没有专门针对农村居民的特点进行指标选取和问卷设计。

1.4 研究思路与方法

1.4.1 研究思路

本书的研究思路如下：

首先，在借鉴现有研究成果的基础上，综合考虑农村居民与城市居民不同的文化背景以及对幸福感不同的理解，构建一个衡量农村居民幸福感的指标。

其次，在构建了一个较为合理的农村居民幸福感指标的基础上，在处于不同城乡经济一体化阶段的几个典型地区（从东、中、西部地区里各选择若干省份）展开实地调查，收集第一手的数据资料。

再次，利用实地调查获得的数据，通过对不同一体化阶段的地区之间进行横向对比以及对同一地区不同时间阶段的情况进行纵向对比，分析城乡经济一体化趋势对我国农村居民幸福感的影响；利用前述数据，考察城乡经济一体化背景下物质因素和非物质因素对我国农村居民幸福感的影响及其相对重要性，找出影响农村居民幸福感的几个关键要素。

最后，在前面实证研究的基础上，提出有关提升农村居民幸福感的政策建议。本书的研究思路如图1-2所示。

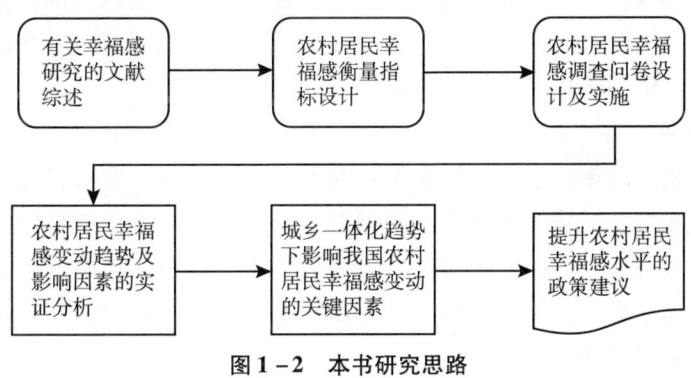

图1-2 本书研究思路

1.4.2 研究方法

（1）定性分析方法。运用对比分析的方法对现有文献进行梳理，确定我国农村居民幸福感的衡量指标，初步筛选影响幸福感的主要因素进行问卷设计。

（2）调查统计方法。运用调查问卷进行抽样调查，收集第一手的数据。

（3）定量分析方法。运用统计分析方法分析城乡一体化过程中农村居民幸福感的现状及其变动趋势；运用回归分析方法对各社会经济因素与农村居民幸福感之间的关系进行分析，找出影响农村居民幸福感的主要因素。

1.5 研究的主要内容及可能的创新

1.5.1 主要内容

（1）我国农村居民幸福感衡量指标的研究。本研究首先需要解决的问题是如何衡量农村居民的幸福感。由于现有的大多数研究中没有专门针对农村居民的幸福感衡量指标，本书需要广泛借鉴包括心理学、社会学在内的研究成果，综合考虑我国农村居民与城市居民不同的社会文化背景，提出一个兼具科学性和操作性的衡量我国农村居民幸福感的指标（体系），在此基础上展开调查研究。

（2）城乡经济一体化趋势下，我国农村居民幸福感的变动趋势研究。相对收入理论预示农村居民幸福感在城乡经济一体化的过程中可能会出于与城市居民的对比而下降，本书拟通过对处于不同城乡经济一体化阶段的几个典型地区（涉及东部、中部、西部）进行横向与纵向对比，实证性地研究我国农村居民幸福感在城乡经济一体化过程中的变动趋势及其影响因素。

（3）城乡经济一体化趋势下，物质因素和非物质因素对农村居民幸福感的影响研究。主要包括：第一，检验绝对收入和相对收入对农村居民幸福感的影响；第二，对城乡经济一体化趋势下绝对收入和相对收入重要性的变化进行分析；第三，考察非物质的、精神文化方面的因素对农村居民幸福感的影响；第四，分析在城乡经济一体化趋势下非物质因素与物质因素对农村居民幸福感相对重要性的变化趋势。

（4）城乡经济一体化趋势下提升我国农村居民幸福感的政策研究。

1.5.2　可能的创新之处

（1）研究角度的创新。现有的研究多从静态的角度研究我国城市或农村居民幸福感，而本项目以我国城乡经济一体化的趋势为大背景，研究这一过程中农村居民幸福感的动态变化及其影响因素，在研究角度上有一定的创新意义。

（2）建立一个适合我国农村居民特点的幸福感衡量指标。现有的研究多数采用了与城市居民相同的问卷方法，而城乡居民在面对同样的调查问题时的理解可能会存在较大的差异，因此适用于城市居民幸福感研究的衡量指标和调查问卷未必适用于农村居民。本书希望提出一个适合农村居民特点的幸福感衡量指标并以此为基础设计调查问卷，因此具有一定的创新性。

（3）强调非物质因素对幸福感的影响。现有的研究多数讨论物质因素的影响，但是本研究认为随着城乡经济一体化水平的提升，农村居民物质生活需要满足一定程度的提升，非物质因素的影响可能更加重要。

第 2 章
农村居民幸福感的测量

2.1 现有的幸福感调查概述

要对幸福感进行研究,首要的问题就是选择一个合适的测量幸福感的方法。虽然本书对幸福感进行研究的目的并不在于专门开发一套评价农村居民幸福感的指标体系,而只是试图揭示影响农村居民幸福感的因素并对各种影响因素的相对重要性进行评判,但是选择一种合适的幸福感评价工具对研究的质量具有重要的影响。据了解,目前国内幸福感研究中有很多使用大型调查所得到的数据,这些调查中规模较大、涉及范围较广、学术影响较大而且数据能够公开获取的调查主要有世界价值观调查(WVS)、中国综合社会调查(CGSS)、中国家庭收入调查(CHIP)和中国健康与养老追踪调查(CHARLS)等。下面对这几个调查进行概述。

2.1.1 世界价值观调查(WVS)

世界价值观调查是全球范围内较早开展的涉及幸福感问题的调查项目。该项目从 1981 年开始实施,每隔几年进行一波调查,已经完成了 6 波调查,第 7 波调查于 2017 年 1 月开始,计划到 2019 年 12 月完成。第 1 波调查仅仅包括 10 个国家。根据笔者收集的数据,中国没有参加第 1 波的调查,而是从第 2 波才开始参加到这个项目中来,因此截至 2018 年 WVS 中关于中国居民的调查只有 5 次,调查时间分别为 1990 年、1995 年、2001 年、2007 年和 2012~2013 年,前后时间跨度 24 年。每次调查的样本容量从 1000 个到 2300 个不等。

2.1.1.1 调查的组织实施情况

该调查的总负责人是美国密歇根大学政治科学系教授英格尔哈特（Ronald Inglehart），对各国的调查一般是委托该国的相关专业机构组织实施。在中国进行的第 2 波调查是由中国统计信息与咨询服务中心负责实施的，第 3 波调查是盖洛普（中国）执行的，第 4、第 5、第 6 波调查均由北京大学中国国情研究中心负责实施。所有阶段的调查均采用面对面的访谈方式进行。

第 2 波调查是 1990 年进行的，调查对象是 18 周岁及以上的中国公民，采用分层多阶段随机抽样法进行抽样。首先按照经济发展水平将各省分成三个层次，每个层次随机选取几个省份，总共包括 11 个省级行政区①。在每个省级行政区内，随机选取大约 20 个样本点，每个样本点选取 5 个被访者进行调查。此外，还按照城乡居民、性别、年龄、职业和受教育程度对人口进行分层。在每个样本点，各个层次的样本量都有配额，且有 10% 的样本是文盲。由此可见，这种方法是同时按照地域以及城乡身份、性别、年龄、职业和受教育程度进行分层多阶段随机抽样，每个层次的样本都按照配额进行抽样。最后完成的样本量为 1000 份，其中男性占 60%，女性占 40%；城市居民占 70%，农村居民占 30%。

第 3 波调查是 1995 年进行的，调查对象是 18 周岁及以上的中国公民，调查区域涵盖了中国 68% 的人口，但是并没有按照省级行政区域划分，而是把中国划分为六个大区域：华北、东北、华东、中南、西北、西南。最终有效的样本量是 1500 个，但是具体的抽样方法和调查者所处的省份并没有说明。

第 4 波调查是 2001 年进行的，调查对象是 18～65 岁的中国公民或居民，调查区域涵盖中国 24 个省级行政区中的 40 个县/市。本次调查的抽样是以北京大学中国国情研究中心 1998 年进行的"全国公众环境意识调查"为主样本进行子样本概率抽样。通过分层、多阶段、概率与人口规模成比例的抽样方法（probability proportional to size，PPS）进行抽样，在不同阶段采用不同的抽样程序②。最终完成的有效的样本量是 1000 个。

第 5 波调查是 2007 年进行的，调查对象是 18～70 岁的中国公民，调查区域

---

① 北京、辽宁、吉林、上海、江苏、福建、江西、湖北、贵州、山西和新疆。
② 具体的抽样程序及抽样方法可以参见 WVS 及北京大学中国国情研究中心提供的实施报告。

涵盖中国24个省级行政区中的40个县/市。与第4波调查类似，本次调查也采用分层、多阶段、概率与人口规模成比例的抽样方法，同时采用GPS辅助的区域抽样方法，使得本次调查能够有效覆盖流动人口。最终完成的有效样本量是1991个①。

第6波调查是2012~2013年进行的，调查对象是18~70岁间的中国公民，调查区域涵盖中国40个县/市。本次调查采用分层、多阶段、概率与人口规模成比例的抽样方法，同时采用GPS辅助的区域抽样方法。先将中国分成7个大区（东北、华北、华东、华南、华中、西北、西南），结合城乡差别，形成14个抽样层。然后根据人口数量按比例从每个抽样层抽取相应数量的初级抽样单元，总共形成40个初级抽样单元。最终完成的有效样本量是2300个。

从历次调查的组织实施过程可以看出，WVS的调查严格采用了随机抽样的方法，获取的数据质量较高。不过，WVS最大的缺陷在于样本量太小，覆盖面不足。

2.1.1.2 有关幸福感的数据获取方式

本书最关心的还是调查中有关幸福感的数据获取方式。从WVS的问卷中可以发现，有关幸福感的数据是通过直接对被调查者进行提问的方式来获取的。在英文版的问卷中，有关幸福感的提问有两处，第一处提问直接让被调查者对其幸福感状况进行评价，所问的问题是："Taking all things together, would you say you are"，给出的选项有5个："1. Very happy; 2. Quite happy; 3. Not very happy; 4. Not at all happy; 5. Don't know"。第二处提问则针对被调查者的生活满意度进行提问，所问的问题是："All things considered, how satisfied are you with your life as a whole these days?"选项1表示完全不满意，选项10表示完全满意，选项从1~10代表的满意程度越来越高。

由于WVS在中国进行的调查使用的语言是汉语，因此问卷中相应的问题措辞经过了一定程度的本土化处理。从所搜集到的历次调查的问卷来看，有关幸福感的问题以及回答选项的措辞并不总是相同的。由于找不到第2波所使用的中文问卷，因此不清楚第2波关于幸福感的提问是如何措辞的。在第3波的调查问卷

---

① 根据WVS及北京大学中国国情研究中心提供的调查实施报告，2007年的调查有效样本量是1991个，但是从WVS网站下载的数据则显示2007年中国的样本数为2015个，笔者没有找到关于这种差异的任何官方的说明。

中，关于幸福感的第一处提问是："总的来说，您认为您的生活是＿＿"，给出的选项是5个："1. 非常幸福；2. 幸福；3. 不很幸福；4. 根本不幸福；5. 不知道"。第二处提问是："总的说来，您最近对您的生活满意程度如何？如果用1到10来表示满意程度，其中1表示完全不满意，10表示完全满意。"在第4、5、6波的调查问卷中，关于幸福感的第一处提问都是："将所有的情况都考虑进来，目前您生活得愉快吗？"，给出的选项是5个："1. 很愉快；2. 愉快；3. 不太愉快；4. 一点都不愉快；5. 不知道"。第4波第二处关于幸福感提问是："把所有的情况都考虑进去，总的来说，您对自己近来的生活满意吗？用1到10来表示满意程度，其中1表示非常不满意，10表示非常满意。"在第5波的调查问卷中，关于幸福感的第二处提问是："把所有的情况都考虑进去，总的来说，您对自己目前的生活满意吗？这个量表中的数字从1到10，表示由非常不满意到非常满意的不同程度。请在量表上标出您的满意程度。"在第6波的调查问卷中，关于幸福感的第二处提问是："把所有的情况都考虑进去，总的来说，您对自己目前的生活满意吗？这个量表中的数字从1到10，表示由非常不满意到非常满意的不同程度。请在量表上标出您的满意程度。"

从上面的介绍可以看出，WVS的6波调查中，英文版问卷中关于幸福感的问题措辞基本上没有变化，而中文版问卷的措辞则有一定的改变。在第一处提问中，较早的第3波调查直接使用了"幸福"这个词，而后面的几次调查则用"生活愉快"来代替"幸福"。我们猜测，这种改变可能是考虑到中国人在日常的生活中较少使用"幸福"这个词，因此在面对一个关于"幸福"的提问时，不一定能准确表达出自己的想法。在第二处提问中，较早的第3波提问的是"最近"的生活满意程度，选项是从"完全不满意"到"完全满意"；第4波提问的是"近来"的生活满意程度，选项是从"非常不满意"到"非常满意"；第5、6波提问的则是"目前"的生活满意度程度，选项也是从"非常不满意"到"非常满意"。

2.1.2 中国综合社会调查（CGSS）

中国综合社会调查（Chinese General Social Survey，CGSS）是从2003年开始的一项全国性调查，这是我国最早的全国性、综合性、连续性学术调查项目，也是国内研究机构较早开展的涉及幸福感问题的大规模调查。该调查最初由中国人民大学社会学系与香港科技大学社会科学部合作主持，目前由中国人民大学中国调查与数据中心负责执行。CGSS 对中国各省（自治区、直辖市）超过 1 万户的家庭进行连续性横截面调查，截至 2018 年已经进行了 9 次调查。CGSS 的数据依托中国社会调查开放数据库（Chinese Social Survey Open Database，CS-SOD）进行发布，并在其基础上建设了国家自然科学基金重点项目"中国国家调查数据库"（CNSDA）。

自 2003 年开始实施调查以来，CGSS 尝试使用了三套不同的抽样方案（2003~2006 年抽样方案、2008 年实验性抽样方案、2010 年抽样方案），这三套抽样方案在原则上都采用了多阶分层 PPS 随机抽样，只是所基于的抽样框、分层变量、抽样阶段上有所不同[①]。例如，2003~2006 年抽样方案采用分层的四阶段不等概率抽样，各阶段的抽样单位为：第一阶段以区（地级市、省会城市和直辖市的各大城区和郊区）、县（包括县级市）为初级抽样单位；第二阶段以街道、乡镇为二级抽样单位；第三阶段：以居民委员会、村民委员会为三级抽样单位；第四阶段：以家庭住户并在每户中确定 1 人为最终单位。以全国 2801 个区县单位作为 PSU（初级抽样单元）构成调查总体，具体按照所属区域及经济社会发展水平划分为 5 个抽样框。

至于本书所关心的幸福感数据，在历次 CGSS 调查中均有一个问题对被调查者的幸福感进行直接提问。此外，有些年份的调查问卷里还有关于生活满意度的提问，但多数年份的调查问卷并不对被调查者的生活满意度进行提问。因此，下面主要关注 CGSS 如何对幸福感进行提问。表 2-1 梳理了历年的 CGSS 调查问卷中关于幸福感的问题及答案选项。

表 2-1   CGSS 调查问卷幸福感问题及答案选项

调查问卷	有关幸福感的问题	答案选项
CGSS 2003 年问卷、CGSS 2004 年问卷	总体而言，您对自己所过的生活的感觉怎么样？	①非常不幸福；②不幸福；③一般；④幸福；⑤非常幸福
CGSS 2005 年问卷、CGSS 2006 年问卷（城市卷、农村卷）	总体而言，您对自己所过的生活的感觉是怎么样的呢？您感觉您的生活是：（单选）	①非常不幸福；②不幸福；③一般；④幸福；⑤非常幸福
CGSS 2008 年问卷	整体来说，您觉得您快不快乐？	①很快乐；②还算快乐；③普通；④不太快乐；⑤很不快乐

---

① 具体的抽样设计可以参见 CGSS 网站的介绍，http://cgss.ruc.edu.cn/index.php?r=index/sample。

续表

调查问卷	有关幸福感的问题	答案选项
CGSS 2010 年问卷	总的来说,您认为您的生活是否幸福?	①很不幸福;②比较不幸福;③居于幸福与不幸福之间;④比较幸福;⑤完全幸福
CGSS 2011 年问卷	总的来说,您觉得您的生活是否幸福?	①非常不幸福;②比较不幸福;③说不上幸福不幸福;④比较幸福;⑤非常幸福
CGSS 2012 年问卷(A、B 卷)	总的来说,您觉得您的生活是否幸福?	①非常不幸福;②比较不幸福;③说不上幸福不幸福;④比较幸福;⑤非常幸福
CGSS 2012 年问卷(B 卷)	总的来说,您觉得幸不幸福?	①相当幸福;②很幸福;③幸福;④说不上幸福不幸福;⑤不幸福;⑥很不幸福;⑦相当不幸福;⑧无法选择
CGSS 2013 年问卷	总的来说,您觉得您的生活是否幸福?	①非常不幸福;②比较不幸福;③说不上幸福不幸福;④比较幸福;⑤非常幸福

资料来源:根据历年 CGSS 调查问卷整理。

从表 2-1 中可以看出,在 2010 年之前,CGSS 关于幸福感的问题措辞调整比较频繁,在提问中没有出现"幸福"一词,不过在答案选项中基本上都出现了"幸福"一词;其中,2008 年的问卷在问题和答案选项里都用了"快乐"一词,然而之后的问卷中都没有再出现"快乐"这个词。2010 年之后,措辞趋于稳定,而且在提问和答案选项中都出现了"幸福"一词。

2.1.3 中国家庭收入调查(CHIP)

中国家庭收入调查(CHIP)是一项大型的追踪中国收入分配动态情况的调查,该调查项目分别在 1989 年、1996 年、2003 年、2008 年和 2014 年进行了五次入户调查。调查由北京师范大学的中国收入分配研究院负责组织实施,联合了中外研究者共同完成,同时也得到了国家统计局的协助,因此该调查的数据也具有很高的权威性,尤其是在中国收入分配与劳动力市场研究领域可能是最具权威性的基础性数据资料。

CHIP 调查涵盖了城镇和农村住户,2003 年的调查还增加了对流动人口的调查。城镇和农村样本来自国家统计局每年的常规住户调查大样本库,子样本的选取严格按照随机原则从大样本中选取,保证对大样本中所涉及省份的覆盖。

流动人口样本来自该项目课题组自行设计的抽样框,涉及了出现在城镇和农村调查中的9个省份15个城市①,因为中国大部分流动人口都集中在上述城市。2014年的样本来自国家统计局2013年城乡一体化常规住户调查大样本库,覆盖了中国31个省(市、自治区)的16万户居民。

由于笔者只收集到了2003年和2008年的调查问卷,因此对于CHIP调查中关于幸福感的数据获取方式只能通过上述两个问卷进行概述。在2003年调查的问卷中,关于被调查者幸福感的提问是:"现在幸福吗?"回答的选项有六个:(1)非常幸福;(2)比较幸福;(3)不好也不坏;(4)不太幸福;(5)很不幸福;(6)不知道。此外,在2003年的调查问卷中还有一处问及被调查中的总体生活满意度。在2008年的问卷中,关于被调查者幸福感的提问是:"考虑到生活的各个方面,您是否觉得幸福?"回答的选项有四个:(1)很幸福;(2)比较幸福;(3)不太幸福;(4)很不幸福。

总的来看,CHIP数据从组织实施和抽样设计等方面来看,均由专业机构和人员来执行,保证了数据的质量。而且CHIP数据的样本覆盖面很广,且与国家统计局常规住户调查大样本库一致,保证了该调查数据的权威性。不过,从幸福感研究的角度来看,该调查的问题主要在于调查实施的年份不够长,且数据的可获得性较差。

2.1.4 中国健康与养老追踪调查(CHARLS)

中国健康与养老追踪调查(China Health and Retirement Longitudinal Study,CHARLS)是2011年开始开展的一项大型的跨学科调查项目,其调查对象是中国45岁及以上的中老年人家庭和个人,目的在于为分析我国人口老龄化问题,推动老龄化问题的跨学科研究提供高质量的数据。该调查由北京大学国家发展研究院主持,北京大学中国社会科学调查中心与北京大学团委共同执行。CHARLS问卷涉及的问题包括:个人基本信息,家庭结构和经济支持,健康状况,体格测量,医疗服务利用和医疗保险,工作、退休和养老金、收入、消费、资产,以及社区基本情况等。2011年开展的调查属于全国基线调查,覆盖了150

---

① 包括上海(大都市地区);广东的广州、深圳和东莞(东部地区);江苏的南京和无锡(东部地区);浙江的杭州和宁波(东部地区);湖北的武汉(中部地区);安徽的合肥和蚌埠(中部地区);河南的郑州和洛阳(中部地区);重庆(西部地区);四川的成都(西部地区)。

个县级单位，450个村级单位，约1万户家庭中的1.7万人，以后每两年对这些样本追踪一次。截至2018年只进行了两波调查。由于该调查是一个追踪调查，因此两波调查的问卷中主要的问题基本一样。

在有关幸福感的数据获取方面，CHARLS与前面几个调查采用的方式不同，它并没有直接向被调查者提出关于其幸福感的问题，而是从生活满意度和情感两个方面进行衡量。在生活满意度方面，CHARLS问卷中的提问是："总体来看，您对自己的生活是否感到满意？是极其满意，非常满意，比较满意，不太满意还是一点也不满意？"回答选项有5个：（1）极其满意；（2）非常满意；（3）比较满意；（4）不太满意；（5）一点也不满意。在情感测度方面，CHARLS要求被调查者回答10道有关其上周的感觉及行为的问题："（1）我因一些小事而烦恼；（2）我在做事时很难集中精力；（3）我感到情绪低落；（4）我觉得做任何事都很费劲；（5）我对未来充满希望；（6）我感到害怕；（7）我的睡眠不好；（8）我很愉快；（9）我感到孤独；（10）我觉得我无法继续我的生活"。每道题目的答案都是一样的，包括四个选项：（1）很少或者根本没有（<1天）；（2）不太多（1~2天）；（3）有时或者说有一半的时间（3~4天）；（4）大多数的时间（5~7天）。

由此可见，CHARLS数据在幸福感方面指标设计比较复杂，对相关指标测量得非常细致，有利于对幸福感的一些细节问题进行深入研究。然而，由于CHARLS调查仅针对45岁及以上中老年人进行，因此研究对象的范围受到一定的限制。

2.1.5 小结

总的来看，目前国内关于幸福感的研究已经有一些可资利用的大型、权威的数据库，基于这些数据，国内外研究者已经对中国居民幸福感的问题进行了广泛的研究。尤其是CGSS数据库由于样本数量较大，时间跨度较长，得到了研究者的青睐。此处初步统计了近年来国内学者利用上述数据库的数据进行幸福感研究的成果。在中国知网的文献搜索页面中，"输入内容检索条件"一栏下，主题检索词输入"幸福感"，篇名检索词输入各数据库的英文缩写，得到的文献检索结果如表2-2所示。[①]

[①] 检索截止日期为2018年1月1日。

表2-2 　　　　　　　基于四个数据库的幸福感研究成果统计　　　　　　　单位：篇

数据库	期刊论文	核心期刊	硕博论文
CGSS	66	41	20
WVS	6	6	3
CHIPs	6	4	1
CHARLS	6	3	2

资料来源：中国知网（CNKI）http://www.cnki.net/。

从表2-2的结果可以看出，上述数据库在较短的时间内已经产生了较为广泛的影响，也为国内学者研究有关幸福感的问题提供了有力的支持。

2.2　农村居民幸福感评价指标的构建

2.2.1　构建农村居民幸福感评价指标的原因

通过前面的概述可见，目前国内学者已经有了较多可以利用的数据库来研究幸福感问题，基于这些数据库的数据已经产生了一批较高质量的论文。但是笔者认为还有必要构建一个农村居民幸福感评价指标体系来完成本书的研究任务。之所以这样做，主要的理由如下：

第一，目前大多数调查中有关幸福感的数据获取方式都是通过单一的直接提问来得到被调查者对其幸福感的陈述。这种通过单一问题提问的方式获得的幸福感数据虽然有优点，但是也存在问题。主要的问题是这种衡量方式假定被调查对象对"幸福"的含义非常清楚，并且能够准确判断自己的幸福感水平。然而，由于幸福概念本身就比较模糊，不同的人有不同的理解，被调查者也不一定能准确说出自己幸福感水平到底有多高（例如，在2012年国庆节前夕，中央电视台进行的一次有关"幸福是什么？"的特别调查中，当记者在街头访问不同的人，问调查对象"你幸福吗？"的时候，得到的答案虽然千奇百怪，但是很多人都表示"说不清楚[①]"）。因此，如果在社会科学的调查中通过直接提问的

[①] 详见有关的新闻报道，http://tv.cntv.cn/video/C10616/75c650081fad4e10a52b1fdce93067e7。

方式来对幸福感进行测量,也不一定能保证被调查者对"幸福"有清楚的理解和判断。

第二,解决上述问题的一个办法是采用心理学家开发的多项目量表来衡量幸福感,然而,这些量表也存在一些问题。一方面,许多量表主要适用于一些特定群体的研究对象,例如学生、老年人、疾病患者等,并不一定能够推广到很大范围的群体。另一方面,由于多项目量表往往比较复杂,涉及的项目较多,进行问卷调查的难度也较大,难以获取大样本的数据。在前述的 CHARLS 调查中,虽然调查的样本量很大,但是将调查对象限定在 45 岁及以上中老年人群体,因此限制了其应用范围。此外,多项目量表并不能完全独立于单项目量表,为了检验多项目量表的效标效度,往往以单项目量表作为效标。

第三,前述的几个调查项目均涉及我国农村和城镇居民两大群体,而且大部分情况下调查的问卷也分为农村卷和城市卷两种类型,然而在不同的问卷中有关幸福感的问题提问方式和措辞基本上没有做区分。这种处理方式意味着调查设计者假定农村居民和城市居民对于"幸福"的理解不存在差异。然而,由于我国长期存在的城乡差异不仅体现在城乡居民的经济社会地位上,也体现在城乡居民的文化教育水平上,城乡居民可能存在不同的"话语体系"因此用来对城市居民进行提问的问题并不一定适合农村居民。相对于城市居民,多数农村居民的文化教育水平偏低,他们对于"幸福"这个术语的使用频率较低。很多农村居民在日常生活中很少使用"幸福"这个术语,因此当看到或听到"幸福"这个术语时会感到很陌生,对有关"幸福"的问题也就难以做出回答。

鉴于上述原因,笔者认为构造一个适合农村居民的幸福感衡量指标体系对于研究农村居民的幸福感来说是非常有必要的。本书试图在现有研究的基础上,提出一个兼具科学性和操作性的农村居民幸福感衡量指标体系,从而为接下来的研究提供一个基础。

2.2.2 构建幸福感评价指标体系的理论基础

幸福感衡量指标体系的构建必须基于对幸福感概念的解析,因此本书在探讨构建幸福感评价指标体系的理论基础时侧重于对幸福感概念的探讨。

2.2.2.1 认知论的幸福感概念

现有的研究对幸福感的界定主要有两种角度,一种是从认知的角度来界定幸福感，另一种是从情感的角度来界定幸福感。从认知的角度来界定幸福感，就是基于一定的信息对自己生活满意度的评价，包括人们总体的生活满意度和具体生活领域满意度，表明人们的生活到目前为止在多大程度上达到了他们关于"理想生活"的预期。从这种角度评价幸福感，主要依据人们自己所持有的准则对自己的生活质量进行主观评价，强调在幸福感评价中的理性思考。

2.2.2.2 情感论的幸福感概念

从情感角度来界定幸福感，是基于情感的对自己愉悦程度的评价，表明人们自己感觉有多么"快乐"，而这种快乐程度又取决于人们积极情感和消极情感的平衡。从这种角度评价幸福感，主要依据人们的心理状态，强调在幸福感评价中的感性认识。

2.2.2.3 体验论的幸福感概念

除了上述基于认知论和情感论的幸福感界定之外，我国学者还提出了体验论的幸福感概念。所谓体验论的幸福感概念，是指"幸福是人们对现实生活的主观反映，它既同人们生活的客观条件密切相关，又体现了人们的需求和价值。幸福感正是由于这些因素共同作用而产生的个体对自身存在状况的一种心理体验。"从这种角度评价幸福感，强调幸福感的内容，即能够引起幸福感体验的经验对象。

2.2.2.4 幸福感的圈层理论

"幸福圈层理论"认为人是社会性的动物，每个人首先作为一个个体存在，因而个体的特质会对自身幸福感产生直接影响。与此同时，个体通过血缘关系组成亲人社会，进一步拓展到熟人社会、生人社会，这些圈层对个体幸福感产生由近到远的影响。处于圈层最外面的是自然环境，它对人的幸福感具有最原始而又最朴素的影响（刘向东、陶涛，2012）。因此，根据"幸福圈层理论"，人的幸福感以个人的考量为中心，同时也延伸到亲人、熟人、生人以及自然界。人在考量自己幸福感的时候，对各个层面的因素都会考虑。

基于上述有关幸福概念的讨论，笔者认为，构建幸福感指标体系时，既要考虑到人们对其生活状态与理想状态之间关系的认知，也就是要体现人们生活的重要方面的满意程度，也要反映人们的心理状态，既要体现人们对自身状态的考量，也要体现人们对与其具有亲密关系的社会群体的考量。

2.2.3 构建幸福感评价指标体系的原则与方法

2.2.3.1 原则

根据现有的关于幸福感的理论讨论，同时为了克服现有幸福感衡量方法的缺陷，笔者认为需要对幸福感概念进行分解，构建出一个指标体系从不同角度反映人们的幸福状况。这样的幸福感指标体系设计应该符合以下一些原则。

首先，幸福感评价指标体系中各个指标均应该能够准确反映出幸福感的内涵。幸福感虽然在普通人看来是一个难以准确表述的概念，但是在科学研究中却应该是有明确的定义的。从现有的研究文献来看，经济学中大部分有关幸福感的研究中将幸福感定义为主观福利，即所谓 subjective well-being（SWB）。构成幸福感评价指标体系的各个指标必须是符合幸福感定义的指标，能够从某些侧面反映人们的幸福感。需要特别注意的是：要将幸福感本身与幸福感的影响因素区分开来。在幸福感指标体系中的指标只能是代表幸福感本身的指标，各个指标均要能反映幸福感的某个侧面，但不能是幸福感的影响因素。例如，一些指标体系将收入作为幸福感评价的指标。诚然，收入能够影响幸福感，但是收入本身并不是幸福感的一个侧面，收入多少并不直接反映幸福程度，因而收入本身不能作为幸福感指标体系中的一项指标。此外，由于幸福感的定义是主观幸福感，因此幸福感指标应该都是主观指标而不是客观指标。如果一个指标体系掺杂了一些客观指标，则虽然看似全面，但是却混淆了概念，将幸福感本身与影响幸福感的因素混为一谈。

其次，每个具体指标的含义应该是清楚明白的，不需要进一步解释就能让人知道所表达的意思是什么。由于指标设计的目的是要通过调查问卷的方式对人们的主观幸福感进行测量，因此各个指标的含义必须很清楚，据此设计的问题也必须是清楚明白、无歧义的。本书构建幸福感评价指标体系的一个重要原因就是人们对幸福感的概念存在理解上的不一致，特别是农村居民由于文化层次的差异，对"幸福"一词没有清晰的概念。要准确捕捉人们对"幸福"的评价，就需要对其概念进行解析，即通过一些含义明确的概念来组合成"幸福"的概念。如果构建的幸福感指标体系中的某些指标含义仍然不够明确，则表明对幸福感的概念解析仍然是不到位的，还需要进一步解析，直到受访者能够清楚地理解所有的概念为止。比如，如果将幸福感概念解析为对生活状态的总体判断，这个解析虽然在含义上不是错的，但是仍然不够具体，被调查者还需要考虑如何对生活状态进行总体判断。因此，就需要进一步解析为对生活的一些具体方面的判断。

最后，指标体系的设计应该尽量简洁，指标体系最终所包括的指标数量不能过多。由于在后面的实证研究中需要大量的样本，而且一份调查问卷中除了要对被调查者的幸福感进行测量，还需要针对被调查者社会经济方面的其他一些特征采集数据，如果在某一个方面出现太多的提问，则受访者很难有耐心认真回答调查人员所提出的每一个问题，即使勉强作答，也可能是敷衍，从而导致难以获取足够的有效样本进行数量分析。

2.2.3.2 方法

目前许多幸福感评价指标体系的构建采用专家调查法来筛选指标。由于专家对相关概念有比较深刻的理解和认识，因此这种方法具有一定的合理性。但是专家调查法也存在问题，因为专家可能会忽略掉一些普通人[1]认为重要的因素。有学者提出"幸福感评价研究的指标体系应该从被测试的回答中归纳，而不应由少数专家来确定"[2]。对此，本书的观点是：由于幸福感的评价最终要取决于人们自己的理解，因此在指标体系的确定中，必须要以人们自己的想法为基础。但与此同时，专家在指标体系的确定中也有不可忽视的作用，因为专家在提出一个指标的时候往往已经经过了比较成熟的思考，对相应指标通过技术性的方法进行了筛选。因此，合理的做法应该是站在普通人如何思考幸福感问题的角度的基础上，将普通人和专家的意见结合起来。本书在下面的指标体系设计过程中，一方面通过对普通人进行问卷调查的方法来获取普通人对幸福感的理解所涉及的一些关键词，另一方面结合现有的代表性文献中对幸福感的指标设定，形成一个既能反映普通人朴素想法，又能反映专家科学认知的幸福感评价指标体系。

2.2.4 指标体系构建的具体过程

2.2.4.1 指标的设置

基于前面所述的原则和方法，本书构建了一个指标体系。本书指标设计的

---

[1] 此处"普通人"仅指与幸福感研究专家相对的群体，下面的用法均是此种含义。
[2] 邢占军等. 公共政策导向的生活质量评价研究［M］. 山东：山东大学出版社，2011.

思路不同于现有研究之处在于：本书没有采用传统的指标设计方法先设置一级指标，然后设置二级指标、三级指标等，层层递进的设计方法，而是采用矩阵的方式，从横向和纵向两个维度来考量普通人如何思考幸福的问题。

从横向的维度来看，本书借鉴"幸福圈层理论"的思想，将人们对幸福的考量对象分为几个圈层。人们在考虑幸福问题的时候，首先会涉及考量的对象，而人们最关心的对象是自我、家庭和社会。一个合理的推理是：当一个人思考幸福的问题时，通常会从以下三个角度来思考，即："如果我自己达到什么状态，我会觉得幸福？""如果我的家人处于什么状况，我会感觉幸福？""如果这个社会是一种什么状况，我会感觉幸福？"因此本书的横向维度包括自我、家庭和社会三个层面，这代表人们在考虑幸福问题时会考虑的几个最重要的对象。不过，在本书中，并不强调不同层面之间的相对重要性，而是假定这几个层面在人们的考量中是并列的。

从纵向的维度来看，本书借鉴认知论、情感论和体验论的思想，将人们对"幸福"的理解分解为几个重要侧面。为了尽量筛选出能够表示主观幸福感的重要侧面，本书采取两种措施：第一，通过对现有文献进行梳理，筛选出目前学术界普遍认可的能反映主观幸福感的侧面；第二，通过调查问卷直接询问普通人对"幸福"的理解，从人们的回答中提取关于对"幸福"理解的关键词。将这两种方法结合起来得到的结果，既能够反映专家们的意见，又能够体现普通人的想法，可以较好地反映主观幸福感的真实含义。

在对专家意见进行筛选时，考虑到文化差异在对幸福感的理解上具有重要的影响，本书认为国外学者的研究成果不太适合直接用于国内幸福感指标体系的构建，因此本书仅仅选取国内代表性的文献以反映相关专家的观点。表2-3列出了部分国内文献中有关主观幸福感的指标体系中所选择的主要指标。

表2-3　　　　　　　　　国内文献关于主观幸福感的指标

文献来源	针对群体	指标类型	指标
邢占军等（2011）	我国居民	幸福感评价指标	充裕感，公平感，安定感，自主感，宁静感，和融感，舒适感，愉悦感，充实感，现代感
李卫平、王智慧（2010）	北京市民	奥运会的举办对北京市民幸福指数影响的指标	体育文化，健康感，满足感，成就感，向心感，愉悦感，富裕感，认同感，安全感

续表

文献来源	针对群体	指标类型	指标
康君（2009）	我国居民	基于政策效应的幸福测量指标	富裕感，愉悦感，认知感，安定感，归属感，向心感，自由感，情谊感，期望感
郑卫星（2011）	青岛市居民	主观幸福感评价指标	健康感，富裕感，安定感，归属感，认同感，愉悦感，满足感

从表 2-3 来看，学者普遍认同能够反映主观幸福感的指标主要有以下几个：愉悦感（4 次）、安定感/安全感（4 次）、富裕感/充裕感（4 次）、和融感/情谊感（2 次）、健康感（2 次）、归属感（2 次）。

为了探究普通人对幸福感的理解，本书组织了一次小规模的问卷调查。在问卷中，首先直接询问受访者几个跟"幸福"有关的问题，在此之后，在问卷中提出一个有关受访者对幸福感理解的开放式的问题，让受访者回答自己所理解的"幸福"是什么意思。根据受访者的开放式答案，从中提取每个受访者对于"幸福"理解的关键词，计算各个关键词在所有问卷中出现的频率，选出频率较高的关键词作为代表普通人对"幸福"理解的最重要的一些方面。问卷调查的实施时间是 2013 年 1 月，方式是委托一些在校大学生利用寒假过年期间走亲访友的机会对其亲朋好友进行调查。受委托的学生并不是任意选取的，而是综合考虑到学生的地域、家庭背景、户籍等因素，尽量使得问卷的受访者能够覆盖不同区域和不同的社会阶层。采用这种方式进行的调查不是随机抽样调查，而是类似于深度访谈。由于是在熟人之间进行的访谈，可以预期受访者对问题的回答没有抗拒心理，也没有动机说谎，因此可以认为调查所得到的结果具有较高的可信度。本次调查共发放 310 份问卷，回收率 100%。

根据回收的调查问卷，首先按照受访者所处的城乡区域类型整理出不同人群对于"幸福"一词的使用情况，结果如表 2-4 所示。

表 2-4　　　　　　不同人群使用"幸福"一词的状况　　　　　　单位：%

问题	乡村	乡镇	县城	非省会城市	省会及直辖市	全部样本
您是否听说过"幸福"这个词？	86.59	81.58	93.94	95.65	97.30	91.38
您是否自己思考过有关"幸福"的问题？	84.72	81.82	88.42	90.91	86.11	87.09

续表

问题	乡村	乡镇	县城	非省会城市	省会及直辖市	全部样本
您是否跟别人谈论过有关"幸福"的话题?	65.28	69.70	74.74	80.30	77.78	73.51

注：表格中的数字是回答"是"的比例，下同。
资料来源：作者调查数据。

从表2-4中可以看出，对于"幸福"这个词语，不同人群从"听说过"到"思考过"再到"谈论过"的比例都是依次下降的。表2-4还反映出，城乡居民在"幸福"这个词的使用方面存在较大的差异。省会及直辖市居民听说过"幸福"一词的比例最高，达到97.3%，乡镇居民比例最低，不过也达到了81.58%。至于跟别人谈论过有关"幸福"的话题的比例，最高的是非省会城市，达到80.3%，而比例最低的乡村居民，比例只有65.28%。这个结果虽然不一定具有普遍性，但是也在很大程度上说明了城乡居民对于"幸福"这个术语的理解和使用方面存在很大差别。因此，在对城乡居民进行有关幸福感问题的调查时，如果采用同样的提问方式，结果可能存在较大的偏差。尤其是对于农村居民，由于他（她）们在日常生活中对"幸福"这个词的思考和使用频率较低，因此若在调查中直接询问其"幸福"的判断，可能难以得出有效的回答。

接下来，根据回收的调查问卷提取出受访者对于"幸福"这个词的理解中的关键词。由于在问卷稍早的问题中询问了受访者"是否思考过有关'幸福'的问题"，若受访者的回答是没有思考过此方面的问题，则要求调查员不再继续询问其对"幸福"的理解。最终的结果是有266份问卷回答了对"幸福"的理解。从调查的结果来看，虽然调查对象处于不同年龄阶段、不同性别、不同职业、不同地域，但是他（她）们关于幸福理解的关键词具有高度的一致性。多数调查对象的回答中都涉及诸如家（家庭）、健康、和睦（和谐）、成就、开心（快乐）、平安、富裕等关键词。由于这个问题是开放式问题，在题干中没有任何提示性的词语，因此这个结果也表明人们对幸福感含义的理解具有很强的相似性，表2-5显示了"幸福"关键词的统计结果。

表2-5 普通居民所理解的"幸福"涉及的关键词统计

关键词	次数（次）	总人数（人）	频率（%）
家（家人、家庭）	210	266	78.94
健康	118	266	44.36
和睦（和谐）	92	266	34.59
快乐（开心）	50	266	18.80
工作（事业）	63	266	23.68
富裕（收入）	30	266	18.42
平安（安定）	42	266	15.79
顺利（顺心）	29	266	10.90

资料来源：作者调查数据。

综合前述专家与普通人的观点，本书将幸福感的内涵分解为以下一些方面：健康、和谐、平安、成就、充裕、公平和愉悦，笔者认为人们在对其幸福感状况进行评价时，主要就是从上述各方面来考虑的，因此，对上述各个方面的状况进行评价的结果综合起来也就能够反映人们的幸福感状况。

综合横向维度和纵向维度，得到幸福感评价指标矩阵，如表2-6所示。

表2-6 幸福感评价指标矩阵

项目	自我	家庭	社会
健康	身体健康感		
和谐		家庭成员和睦感	人际关系和谐感
平安	人身安全感	家庭成员人身安全感	
成就	工作/学习成就感	家人工作/学习成就感	
充裕		家庭收入充裕感	
公平			社会公平感
愉悦	精神愉悦感		

表2-6的幸福感评价指标矩阵包括了10个项目，从前面对横向维度和纵向维度的分析可知这个指标矩阵既体现了人们在判断自己幸福感状况时对自身的关注，也体现了对家庭和社会的关注；既体现了幸福感的认知部分，又体现了

幸福感的情感部分，同时也强调了人的体验，从而将现有的关于幸福感的评价理论较好地结合起来。

2.2.4.2 权重的确定

由于上述指标中的每一项仅仅是从一个侧面反映了人们对其幸福感的评价，还必须将各项评价综合起来才能反映幸福感的整体评价。通过分项指标求得对整体状况的评价，一般可以采用综合评分法来进行评价。在进行综合评价时，一个重要的问题是如何确定各个指标的权重。现有的确定指标权重的方法可分为三大类：主观赋权法、客观赋权法和组合赋权法，具体又可以分为德尔菲法、层次分析法（AHP）、相关系数法、变异系数法等。由于权重的大小意味着指标对综合评价重要性的高低，因此对幸福感评价的各指标赋权实际上就是要确定上面的各个指标对于人们幸福感的相对重要性。笔者认为，各个指标相对重要性本身是一种主观的评价，因此从理论上讲各个指标权重的确定应当以被调查者的判断为准。在理论上可以根据前面构建的指标体系设计问卷，让人们对自己在衡量幸福感时所考虑的因素的重要性进行排序，根据人们的选择来确定各个因素的权重。然而，实际上进行上述操作几乎是不可能的，不仅成本高昂，而且也未必能够得到可靠的结果。考虑到其他复杂的赋权方法也不一定能够产生可靠的结果，本书采用了一种最简单易行的方式来确定权重，即假定上述各个指标对于人们的幸福感是同等重要的，因而对各指标赋予相等的权重。这么做固然存在一定的缺陷，但是既然不能保证其他方法得到的结果的可靠性，那么在同样不太可靠的情况下，选择一种成本最低的方法也不失为一种合理的做法。

2.3 农村居民幸福感的调查

为了实现拟定的研究目标，本书课题组围绕农村居民幸福感问题组织实施了一次专门的调查。为了做好这个调查，从问卷设计、调查方案的制定、调研的实施等各个方面都进行了反复的推敲。在调查结束之后，对调查问卷进行了仔细的复核，对调查数据的录入过程也进行了严格的控制，力图最大限度地保证所收集到的第一手资料的准确性和科学性，为后面的实证分析奠定良好的基础。

2.3.1 调查问卷的设计

在前面构建的农村居民幸福感的指标体系的基础上,笔者设计了调查问卷以便展开调查研究。在设计问卷时,参考了 WVS 调查问卷、CGSS 调查问卷以及国家统计局的住户调查问卷等较为成熟的调查问卷的结构设计以及有关问题及回答选项的设置方式。问卷设计分为六个主要的模块:第一部分为被调查人的基本情况,包括性别、年龄、文化程度、婚姻状况等;第二部分为被调查者对其幸福感的十个方面指标当前的评价以及与三年前相比的变化情况;第三部分为被调查者的从业状况;第四部分为被调查者的生活方式及社会认知;第五部分为被调查者的家庭状况;第六部分为被调查者所在村的情况。表 2-7 和表 2-8 展示了问卷第二部分,即对有关幸福感评价的各个指标当前的评价以及与三年前相比各项幸福感指标满意度状况的变化。

表 2-7　　本项目调查问卷中有关幸福的各项指标设计及赋值

层面	项目	非常不满意	不太满意	一般	比较满意	非常满意
个人	个人健康状况	1	2	3	4	5
个人	个人人身安全状况	1	2	3	4	5
个人	个人心情愉悦状况	1	2	3	4	5
个人	个人工作或学习成就	1	2	3	4	5
家庭	家庭经济状况	1	2	3	4	5
家庭	家庭和睦程度	1	2	3	4	5
家庭	家人人身安全状况	1	2	3	4	5
家庭	家人工作或学习成就	1	2	3	4	5
社会	人际关系的和谐程度	1	2	3	4	5
社会	社会公平状况	1	2	3	4	5

表 2-8　　本项目调查问卷中有关幸福各项指标的变化及赋值

项目	明显下降	有所下降	基本没变化	有所提升	明显提升
个人健康状况满意度	1	2	3	4	5
个人人身安全状况满意度	1	2	3	4	5

续表

项目	明显下降	有所下降	基本没变化	有所提升	明显提升
个人心情愉悦状况满意度	1	2	3	4	5
个人工作或学习成就满意度	1	2	3	4	5
家庭经济状况满意度	1	2	3	4	5
家庭和睦程度满意度	1	2	3	4	5
家人人身安全状况满意度	1	2	3	4	5
家人工作或学习成就满意度	1	2	3	4	5
人际关系的和谐程度满意度	1	2	3	4	5
社会公平状况满意度	1	2	3	4	5

2.3.2 调查方案的制定

2.3.2.1 样本量的确定

根据本章在申报时的设想，要完成此项任务，需要有一定的样本量。同时，考虑到经费中可用于实地调研的资金预算及调研成本，初步决定总的调查样本量为1200个。实际的调查样本量允许有一定的出入，但是为了保证样本的有效性和数据的质量，最终的调查样本量希望控制在1100~1200个。

2.3.2.2 调查区域的选择

由于本书研究的是城乡经济一体化与农村居民幸福感之间的关系，因此在调查区域的选择上要保证能够覆盖处于不同城乡经济一体化发展水平的不同区域。参考白永秀等（2013a，2013b）的研究结果，将全国的省级行政区域按照城乡一体化水平高低分为三大区域[1]，经过计算各大区域农村人口总数（详情见表2-9），大致按三个区域农村人口总数的比例确定三大区域的样本数量分别为200个、700个、300个，总数为1200个。

---

[1] 将该研究中城乡一体化指数大于1的区域划为城乡一体化水平较高地区，城乡一体化指数小于0.5的区域划为城乡一体化水平较低地区，两者之间的为城乡一体化水平中等地区。这个划分与统计中所涉及东部、中部、西部的划分有部分的重叠，但是也存在一些差别。这也表明不能简单地按照东部、中部、西部的划分来区分不同的城乡一体化区域。

表 2-9　　2012 年各地区农村人口数量

城乡一体化水平较高地区	农村人口数量（万人）	城乡一体化水平中等地区	农村人口数量（万人）	城乡一体化水平较低地区	农村人口数量（万人）
北京	286	河北	3877	内蒙古	1052
天津	261	山西	1760	吉林	1273
上海	255	辽宁	1508	黑龙江	1652
江苏	2930	福建	1514	广西	2644
浙江	2016	安徽	3204	海南	429
广东	3454	江西	2364	贵州	2216
		山东	4607	云南	2828
		河南	5415	西藏	238
		湖北	2687	甘肃	1579
		湖南	3542	青海	301
		四川	4561	宁夏	319
		陕西	1876	新疆	1251
		重庆	1267		
合计	9201	合计	38181	合计	15782

资料来源：《中国统计年鉴》(2013)。

确定了各大区域的样本量之后，在各区域内再按所抽取的省份农村人口数量比例确定各省份的样本数量。城乡一体化水平较高地区抽取浙江，城乡一体化水平中等地区抽取江西、湖北、安徽、重庆，城乡一体化水平较低地区抽取贵州和甘肃。一体化程度较高地区仅选取了浙江，样本数量 200 个。一体化程度中等地区，大致按照农村人口数量的比例分配样本的数量为：安徽 230 个，江西 160 个，湖北 200 个，重庆 100 个。一体化程度较低的地区，大致按照农村人口数量的比例分配样本的数量为：甘肃 100 个，贵州 200 个。实际进行调查的时候，根据具体的情况对个别省份的样本数量进行微幅调整。

2.3.2.3　调查对象的界定

本书的研究对象是农村居民，因此调查对象也限定为农村居民。根据《现代汉语词典》的定义，居民是指固定住在某一地方的人。按照国际货币基金组织的说明,居民是跟非居民相对立的,指在某个国家或地区居住期限达一年以上者,否则即为非居民。因此,本书将农村居民界定为长期居住在农村的公民,所以,在调查对象的界定上并不是以户籍为依据,而是以实际居住地为判断标准。若一个人在某个农村地区实际居住期限超过一年,就可以将其作为该地区的农村居民进行调查,否则不能作为本书的调查对象。

此外,考虑到年龄太小的农村居民对于本调查所询问的许多问题的理解都可能存在不成熟的地方,本调查对调查对象的年龄下限设定在14周岁;至于调查对象的年龄上限则没有限制性要求,只要被访者能够与调查员进行交流即可。

2.3.2.4 调查方式的选择

由于调查问卷中涉及的问题较多,很多问题带有一定的专业性,完整回答一份问卷所需要的时间较长,因此不能采用电话采访的方式采集数据,也不宜采用先发放问卷,待调查对象填写完成后再回收的方式采集数据。为了尽可能控制数据采集过程,保证所获得数据的可靠性和有效性,本次调查采用了调查员入户对受访者进行面对面访问的方式进行。在采集数据的过程中,调查员可以对问卷中的问题进行释义,但是不能使用带有诱导性的提示语言,尽量让受访者自己作答,尤其是对于有关幸福感的问题仅仅采信受访者自己的判断。

2.3.3 调查的实施

2.3.3.1 预调查

在制订了初步的调查方案之后,课题组组织了一批在校大学生作为调查员在南昌市周边的农村进行了小规模的预调查。预调查的目的有两个:一是通过实际的访谈过程,检验可能的受访者对于问卷中提出的各个问题的理解是否存在障碍,根据反映出来的一些问题来修订完善调查问卷;二是对参加正式调查的调查人员进行培训。由于样本较多,必须招募一批合格的调查员进行调查,而调查员对调查问卷的理解以及对整个调查流程的熟悉程度将会极大地影响数据采集的质量,因此在正式调查之前通过预调查的方式进行演练是很有必要的。此外,经过预调查,也为课题组更加合理地设计正式调查的方案提供决策依据。

2.3.3.2 正式调查

为了保证对不同地区样本的调查时间能够大致相同，对于七个省市的调查需要同时展开。按照事先拟定的调查方案，在每个拟调查的省份派遣一支调查队伍进行调查。但是由于课题组成员人数有限，在实际执行调查时采取了三种方案：第一种方案是课题组成员亲自带队进行调查。根据课题组所掌握的资源，在浙江、江西和湖北三个省由课题组成员分别带队进行调查。第二种方案是招募暑期返乡大学生进行调查。对于安徽、重庆和甘肃三个省市，采用了这种做法。第三种方案是委托当地学术机构代为调查。根据事先沟通所掌握的情况，贵州省的样本路途遥远且多为深山区，少数民族聚居较多，语言交流存在很大的障碍，因此委托贵州财经大学经济学院的同行代为实施在贵州省的调查。不管采用哪种方案，均事先进行充分的沟通交流，对调查人员进行严格的培训，确保调查人员对问卷的理解不出现偏差，确保问卷的质量符合课题组的要求。调查的时间统一安排为2014年7~8月，这段时间恰好为暑假期间，调查员有充足的时间来实施调查。最终各调查区域的调查样本量及有效样本量如表2-10所示。

表2-10　　　　　　　　样本区域选择及样本量

区域	省份	调查样本量（个）	占比（%）	有效样本量（个）	样本有效率（%）
城乡经济一体化水平较高区域	浙江	210	17.5	210	100
城乡经济一体化水平中等区域	安徽	230	19.2	230	100
	江西	160	13.32	159	99.4
	湖北	200	16.7	195	97.5
	重庆	100	8.33	100	100
城乡经济一体化水平较低区域	贵州	200	16.7	180	90
	甘肃	100	8.3	95	95
总量		1200	100	1169	97.44

2.4 样本分布与特征

2.4.1 样本的人口学特征结构

2.4.1.1 样本的性别构成

在1169位有效的调查对象中,男性的样本量有775个,占样本总数的比例为66.3%;女性的样本量有394个,占样本总数的比例为33.7%,由此可见调查样本的性别以男性为主。不过,各省份的样本性别结构有所不同,其中男性比例最高的为贵州省,比例为72.78%;男性比例最低的为浙江省,比例为61.9%,更详细的分省份样本性别构成状况见表2-11。

表2-11　　　　　　　　　　样本性别构成

省/直辖市	男性		女性	
	样本量(个)	比例(%)	样本量(个)	比例(%)
浙江	130	61.9	80	38.1
安徽	162	70.43	68	29.57
江西	105	66.04	54	33.96
湖北	124	63.59	71	36.41
重庆	64	64	36	36
贵州	131	72.78	49	27.22
甘肃	59	62.11	36	37.89
总体	775	66.3	394	33.7

2.4.1.2 调查样本的年龄构成

根据习惯的做法,将调查的样本按照年龄小于25岁、25~44岁、45~59岁、大于或等于60岁划分为青少年、青年、中年、老年四个阶段,在1169位调查对象中,年龄小于25岁的样本量有177个,占样本总数的比例为15.14%;

年龄 25~44 岁的样本量为 395 个，占样本总数的比例为 33.79%；年龄 45~59 岁的样本量有 396 个，占样本总数的比例为 33.88%；年龄大于或等于 60 岁的样本量有 201 个，占样本总数的比例为 17.19%。总体来看，调查样本的年龄结构以青年和中年为主，两者所占比例之和超过了 60%。不过，各省份的样本年龄结构有所不同，分省份（市）的样本年龄构成状况见表 2-12。

表 2-12   样本年龄构成统计表

省/直辖市	<25岁 样本量（个）	<25岁 比例（%）	25~44岁 样本量（个）	25~44岁 比例（%）	45~59岁 样本量（个）	45~59岁 比例（%）	≥60岁 样本量（个）	≥60岁 比例（%）
浙江	9	4.29	33	15.71	90	42.86	78	37.14
安徽	53	23.04	68	29.57	78	33.91	31	13.48
江西	40	25.16	66	41.51	41	25.79	12	7.55
湖北	6	3.08	88	45.13	81	41.54	20	10.26
重庆	8	8	34	34	33	33	25	25
贵州	50	27.78	57	31.67	50	27.78	23	12.78
甘肃	11	11.58	49	51.58	23	24.21	12	12.63
总体	177	15.14	395	33.79	396	33.88	201	17.19

2.4.2 样本调查对象的社会经济特征

2.4.2.1 样本的受教育程度及其构成

将调查的样本受教育程度分为文盲、小学毕业、初中毕业、高中毕业及以上四个层次，在 1169 位调查对象中，文盲的样本量有 74 个，占样本总数的比例为 6.33%；小学毕业的样本量为 357 个，占样本总数的比例为 30.54%；初中毕业的样本量有 392 个，占样本总数的比例为 33.53%；高中毕业及以上的样本量有 346 个，占样本总数的比例为 29.6%。总体来看，调查样本的文化程度以小学毕业和初中毕业为主，两者所占比例之和超过了 60%。不过，各省份的样本受教育程度有所不同，详细的分省份样本文化程度构成状况见表 2-13。

表 2-13 样本文化程度

省/直辖市	文盲		小学		初中		高中及以上	
	样本量（个）	比例（%）	样本量（个）	比例（%）	样本量（个）	比例（%）	样本量（个）	比例（%）
浙江	33	15.71	86	40.95	61	29.05	30	14.29
安徽	14	6.09	50	21.74	80	34.78	86	37.39
江西	1	0.63	26	16.35	60	37.74	72	45.28
湖北	4	2.05	30	15.38	69	35.38	92	47.18
重庆	2	2	60	60	26	26	12	12
贵州	13	7.22	89	49.44	43	23.89	35	19.44
甘肃	7	7.37	16	16.84	53	55.79	19	20
总体	74	6.33	357	30.54	392	33.53	346	29.6

2.4.2.2 样本的婚姻状况及其构成

将调查的样本婚姻状况分为已婚、未婚、离婚或丧偶三种类型，在 1169 位调查对象中，已婚的样本量有 921 个，占样本总数的比例为 78.79%；未婚的样本量为 193 个，占样本总数的比例为 16.51%；离婚或丧偶的样本量有 55 个，占样本总数的比例为 4.7%。总体来看，调查样本的婚姻状况以已婚为主。不过，各省的样本婚姻状况有所不同，详细的分省（市）样本婚姻状况见表 2-14。

表 2-14 样本婚姻状况

省/直辖市	已婚		未婚		离婚或丧偶	
	样本量（个）	比例（%）	样本量（个）	比例（%）	样本量（个）	比例（%）
浙江	175	83.33	12	5.71	23	10.95
安徽	172	74.78	52	22.61	6	2.61
江西	120	75.47	37	23.27	2	1.26
湖北	179	91.79	11	5.64	5	2.56
重庆	80	80	10	10	10	10
贵州	117	65	55	30.56	8	4.44
甘肃	78	82.11	16	16.84	1	1.05
总体	921	78.79	193	16.51	55	4.7

2.4.2.3 样本的家庭人口规模及其构成

将调查的样本家庭规模按照家庭人口分为1~2人、3~6人、6人以上三种类型，分别代表小规模、中等规模和大规模的家庭，详细的分省（市）样本家庭规模状况见表2-15。

表2-15　　　　　　　　样本家庭规模状况

省/直辖市	1~2人		3~6人		6人以上	
	样本量（个）	比例（％）	样本量（个）	比例（％）	样本量（个）	比例（％）
浙江	66	31.43	137	65.24	7	3.33
安徽	19	8.26	206	89.57	5	2.17
江西	1	0.63	148	93.08	10	6.29
湖北	14	7.18	178	91.28	3	1.54
重庆	13	13	77	77	10	10
贵州	11	6.11	143	79.44	26	14.44
甘肃	2	2.11	86	90.53	7	7.37
总体	126	10.78	975	83.4	68	5.82

在1169位调查对象中，家庭人口1~2人的样本量有126个，占样本总数的比例为10.78%；家庭人口3~6人的样本量为975个，占样本总数的比例为83.4%；家庭人口6人以上的样本量有68个，占样本总数的比例为5.82%。总体来看，调查样本的家庭规模以中等规模家庭为主，不过，各省的样本家庭规模有所不同。

2.4.3 样本居民各项幸福感指标特征

对于本书来说，最关心的样本特征还是有关幸福感的指标状况。表2-16对样本居民各项幸福感指标状况进行了初步的统计。

表 2-16 各项幸福感指标统计

项目	非常不满意		不太满意		一般		比较满意		非常满意	
	样本量（个）	比例（%）	样本量（个）	比例（%）	样本量（个）	比例（%）	样本量（个）	比例（%）	样本量（个）	比例（%）
个人健康状况	17	1.45	120	10.27	339	29	573	49.02	120	10.27
个人人身安全状况	7	0.6	43	3.68	412	35.24	586	50.13	121	10.35
个人心情愉悦状况	7	0.6	68	5.82	393	33.62	580	49.62	121	10.35
个人工作或学习成就	13	1.11	125	10.69	526	45	439	37.55	66	5.65
家庭经济状况	15	1.28	149	12.75	495	42.34	456	39.01	54	4.62
家庭和睦程度	5	0.43	40	3.42	311	26.6	652	55.77	161	13.77
家人人身安全状况	5	0.43	30	2.57	419	35.84	618	52.87	97	8.3
家人工作或学习成就	7	0.6	89	7.61	480	41.06	521	44.57	72	6.16
人际关系的和谐程度	4	0.34	29	2.48	386	33.02	644	55.09	106	9.07
社会公平状况	27	2.31	164	14.03	528	45.17	400	34.22	50	4.28

从全部10项有关幸福感的指标总体来看，各项指标被调查者选择"非常不满意"的比例均是最低的，大部分指标"非常不满意"的比例不超过1%，最高的比例也仅为2.31%。可见总体上样本在各项幸福感指标上"非常不满意"的情况非常少。此外，大部分指标选择"非常满意"的比例也较低，有大约一半指标选择"非常满意"的比例处于倒数第二的位置，由此可见样本总体上"非常满意"的可能性也较低。被调查者对大部分的指标的选择集中在中间三个档次上，样本的选择大致呈正态分布。从单项指标来看，"非常不满意"比例最高的是社会公平状况，不过也仅为2.31%；"非常不满意"比例最低的是人际关系的和谐程度，比例仅有0.34%。"非常满意"比例最高的是家庭和睦程度，比例达到13.77%；"非常满意"比例最低的也是社会公平状况，比例仅有4.23%。初步描述出来的特征或许表明农村居民对于社会公平状况存在较大的不满，社会公平状况可能会在较大程度上影响人们对其幸福感的评价。

| 第3章 |

城乡经济一体化与农村居民幸福感

3.1 我国经济城乡一体化进程及其发展趋势

3.1.1 城乡经济一体化的内涵

由于本书是在城乡经济一体化的大背景下来研究农村居民幸福感提升的问题,因此首先要对我国城乡经济一体化的基本问题进行一些讨论,以便为后面的研究做好铺垫。

城乡经济一体化是城乡一体化的一个重要方面。在我国,有关城乡一体化的思想最初来源于20世纪80年代改革开放的实践,而在学术上对城乡一体化问题进行研究的理论基础则可以追溯到刘易斯的二元经济理论。关于城乡一体化的内涵,目前国内学术界还没有统一的说法。比较一致的看法是城乡一体化是一个综合性的概念,一般包括城乡社会发展一体化、城乡经济一体化、城乡生态环境一体化、城乡基础设施一体化等几个方面。从我国经济社会发展的历程和未来的发展趋势来看,城乡一体化可以被认为是我国城市化和全面实现现代化的一个新阶段,就是要把工业与农业、城市与乡村、城镇居民与农村居民作为一个整体,改变我国长期存在的城乡二元经济和社会结构,实现整个国家城乡经济社会全面、协调、可持续发展。当然,城乡一体化并不等同于城乡之间完全没有差别。由于地理区位、人口密集度等因素的差异,城乡之间天然就存在差别。城乡一体化不可能也不应该消除这种差别,需要消除的是人为因素所造成的城乡之间发展水平的差别。

由上述关于城乡一体化内涵的阐述可见,城乡一体化包括了城乡社会、经济、公共服务、生态环境等各个方面的一体化,其中城乡经济一体化占据着十分重要的位置,也是决定城乡一体化发展水平的主要方面。具体来讲,城乡经济一体化是指城市和农村在平等的经济政策环境下,在城乡间通过资源与生产要素的自有流动,实行资源共享和合理配置,达到城乡经济持续协调和共同发展的过程。

3.1.2 城乡经济一体化的评价标准

由于城乡经济一体化是城乡一体化这个大问题下面的一个方面,因此现有的研究很少单独对城乡经济一体化进行指标设计,往往是将其作为城乡一体化这个一级指标下的一个二级指标来看待的。对于城乡经济一体化的评价,目前还没有统一的指标,不同的研究者往往根据自己的研究目的设计出不同的评价指标。从现有研究来看,城乡一体化评价内容与指标选取原则大多趋同,社会发展一体化、经济发展一体化、环境生态一体化、基础设施一体化方面的一级指标较多;也有不少涉及城乡空间一体化、城乡居民生活保障、公共服务一体化的一级指标;社会管理一体化、城乡居住环境、自然基础、科技教育等一级指标出现较少。城乡一体化二级或三级指标则是数量较多,差异较大。例如,李冰(2013)从城乡生活一体化、经济一体化、公共服务一体化、环保一体化四个方面对中国不同区域的城乡一体化发展程度进行了对比。白永秀等(2013a,2013b)从城乡空间一体化、经济一体化、社会一体化、生态环境一体化四个方面对中国省域城乡发展一体化水平进行了评价。

总体来说,在城乡一体化的各项指标中,城乡经济一体化占据中心的地位。例如,在白永秀等(2013a)构建的中国省域城乡发展一体化指标体系中共包括35个三级指标,其中有关城乡经济一体化的三级指标就占了15个。

从指标体系构建方法来看,因子分析法、神经网络分析等是主要方法。从指标体系运用来看,并不十分理想,得到权威认可且广泛运用的评价体系少之又少,这说明有关城乡一体化评价的共识程度还较低,在评价指标、权重设置等方面仍需结合中国实际,加深研究。

3.1.3 城乡一体化的实现机制及其对经济社会的影响

在城乡一体化发展机制、路径、模式的研究方面,学术界对支撑城乡一体化发展的财政政策,城乡一体化的纽带与载体,城乡一体化制度创新的整体框架与内容等进行深入研究,从新农村建设的角度探讨了城乡一体化实现,从资源要素流动分析了城乡一体化发展情况。从现有文献来看,重视区域之间差异,强调发展模式的独特性;对于城乡一体化发展机制,开始注重多要素,全方位的考虑设计。

关于城乡经济一体化的影响,一般认为城乡经济一体化对我国社会经济具有正面的影响。欧阳志刚(2014)运用一价定律和泰尔指数度量了中国城乡经济一体化和城乡收入差距,研究结果发现中国城乡经济一体化对城乡收入差距具有正向效应,城乡经济的一体化有利于减缓城乡收入差距的扩大化趋势。

3.1.4 我国城乡经济一体化的状况

由于本书的主旨并不在于研究有关城乡经济一体化水平的测算问题,因此本书没有单独设计或者根据特定的城乡经济一体化的衡量指标对我国各区域的城乡经济一体化水平进行测算。下面参照已有的关于城乡一体化的研究成果对我国城乡经济一体化的现状进行描述。图3-1所展示的各地区城乡经济一体化状况主要参照了白永秀等(2013a,2013b)的研究结果。

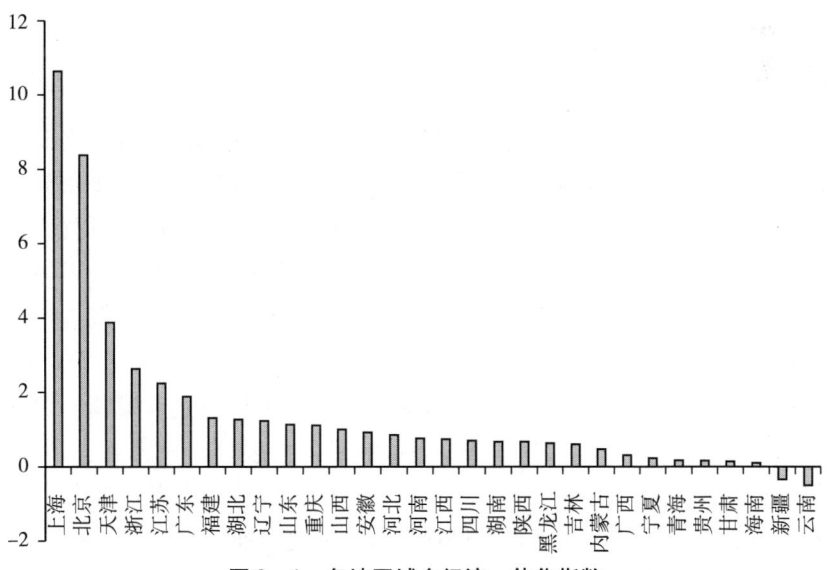

图3-1 各地区城乡经济一体化指数

资料来源:白永秀等(2013a,2013b)。

根据白永秀等（2013a，2013b）的说明，图 3-1 的一体化指数是一个相对值，反映了当年特定省份城乡发展一体化水平在全国 30 个省份中的相对大小与所处的相对位置，是一种静态的空间差异结果。从图 3-1 中可以看出，我国的城乡经济一体化还存在着显著的区域差异。总体来看，一个地区的城乡经济一体化程度与其所处的区域及经济社会的发展水平有很强的相关性，上海、北京、天津、浙江等东部区域的发达省份在城乡经济一体化水平方面遥遥领先，而云南、新疆、甘肃、贵州等西部区域的省份则大幅落后。中部的安徽、江西、湖南等省份的城乡经济一体化水平也处在中等水平。现有的城乡经济一体化水平与经济发展水平存在的这种较强的相关性也预示着随着我国经济发展水平的进一步提升，我国总体的城乡经济一体化以及不同地区的城乡经济一体化水平也会进一步提升。

3.2 农村居民幸福感的状况及其特点

下面根据调研所获得的数据，对样本所代表的农村居民幸福感的状况进行描述性的统计，为后面的研究提供基础。

3.2.1 本书计算农村居民幸福感的方法

由于在本书中没有直接向被访者提问其对自身幸福感的评价，因此不能直接从原始的调查数据中得到被调查者的幸福感水平，必须将调查中得到的结果进行一定的转换，得出能够用于后面实证分析的幸福感数值。根据前面所述，本书设计了 10 个指标来衡量农村居民的幸福感，每项指标均反映被调查者幸福感的一个侧面，需要将这些侧面进行综合，得到一个全面反映被调查者幸福感的综合性指标。具体的做法如下：

第一步，根据调查问卷中被调查者对各个项目的回答进行赋值。每个指标的回答都有五个选项：非常不满意、不太满意、一般、比较满意、非常满意。本书将上述选项分别赋值为 1、2、3、4、5，即：若被调查者选择"非常不满意"则得 1 分，选择"不太满意"则得 2 分，依此类推。

第二步，采用综合评分法来对单项指标分值进行综合，计算综合的满意度分值。按照理论上的设想，通过广泛的调查，根据人们自己所选择的自己在衡量幸福感时所考虑的最重要的因素，对各个指标在最终幸福感计算中的权重进行赋值。但是这个设想在实际操作中过于复杂，在本项目的研究范围内无法实施，因此，本书采取了一个简便的方法，即对每一个指标赋予相等的权重，这样，综合的满意度分值就等于各个分项指标得分的简单平均数值。

第三步，将前面计算出的综合满意度转换为幸福感得分。由于前面所计算的综合满意度得分值还不是关于被调查者幸福感的最终结果，因此还不能直接用于进行后面的实证分析，需要将前面计算的结果再做一下转换。为了便于同现有的幸福感研究结果进行对比，本书按照下面的方法进行转换：

（1）若综合的满意度分值大于或等于4.6分，则定义被调查者的幸福感水平为"非常幸福"，并且在实证研究中将其赋值为5；

（2）若综合的满意度分值小于4.6分，且大于或等于3.6分，则定义被调查者的幸福感水平为"比较幸福"，并且在实证研究中将其赋值为4；

（3）若综合的满意度分值小于3.6分，且大于或等于2.6分，则定义被调查者的幸福感水平为"一般"，并且在实证研究中将其赋值为3；

（4）若综合的满意度分值小于2.6分，且大于或等于1.6分，则定义被调查者的幸福感水平为"不太幸福"，并且在实证研究中将其赋值为2；

（5）若综合的满意度分值小于1.6分，则定义被调查者的幸福感水平为"非常不幸福"，并且在实证研究中将其赋值为1。

需要说明的是，上述转化后对幸福感的赋值没有基数的意义，数值1，2，3，4，5之间的差别仅仅是序数意义上的差别。通过上述转换，把连续变量转换为有序的离散变量，因此后面以被调查者的幸福感作为因变量进行实证分析时，也不宜采用普通最小二乘法进行回归分析，而可以采用有序的 logistic 回归或有序的 probit 回归方法。

3.2.2 样本居民幸福感水平的总体描述

3.2.2.1 样本总体幸福感水平描述

下面对根据上述方法所计算的样本居民幸福感水平进行描述。首先展示的是样本总体幸福感水平，如表3-1所示。

表3-1　　　　　　　　　样本居民总体幸福感水平

幸福感状况	频数	占比（%）	累积百分比（%）
非常不幸福	3	0.26	0.26
不太幸福	53	4.53	4.79
一般	603	51.58	56.37
比较幸福	483	41.32	97.69
非常幸福	27	2.31	100
总计	1169	100	

从表3-1中可以看出，总体来看，样本的幸福感水平集中在中间三个层次，特别是"一般"和"比较幸福"两个层次的样本所占比例超过90%，这表明总体来看，样本居民的幸福感水平处于中等以上的水平。跟事先的预计一致，幸福感水平为"非常不幸福"的样本最少。这个结果说明，从样本调查状况来看，提升农村居民幸福感水平的重点应该放在提升目前幸福感水平为"一般"和"比较幸福"的居民的幸福感水平，尤其是促进一部分居民幸福感水平从"一般"向"比较幸福"转变。

3.2.2.2　不同性别样本幸福感水平描述

下面将样本分为男性和女性两个群体，来展示不同性别的样本在幸福感方面有何不同的特点，具体结果如表3-2所示。

表3-2　　　　　　　　　不同性别样本幸福感水平

幸福感状况	男性		女性	
	频数	占比（%）	频数	占比（%）
非常不幸福	3	0.39	0	0
不太幸福	39	5.03	14	3.55
一般	391	50.45	212	53.81
比较幸福	326	42.06	157	39.85
非常幸福	16	2.06	11	2.79

从表3-2中可以看出，男性和女性样本在幸福感水平上基本上不存在明显

的差别。男性和女性被调查者幸福感水平为"非常不幸福"的比例均为最低，其中女性样本中没有"非常不幸福"的样本。男性样本虽然幸福感水平"一般"和"非常幸福"的比例低于女性样本，但是幸福感水平"比较幸福"的比例高于女性样本。因此，从总体来看，两个群体的幸福感特点相似。

3.2.2.3 不同年龄阶段样本幸福感水平描述

下面将样本按照年龄小于25岁、25～44岁、45～59岁、大于或等于60岁划分为青少年、青年、中年、老年四个群体，来展示不同年龄阶段的样本在幸福感方面有何不同的特点，具体结果如表3－3所示。

表3－3　　　　　　　　不同年龄阶段样本幸福感水平

幸福感状况	<25岁		25～44岁		45～59岁		≥60岁	
	频数	占比（%）	频数	占比（%）	频数	占比（%）	频数	占比（%）
非常不幸福	0	0	1	0.25	0	0	2	1
不太幸福	2	1.13	14	3.54	18	4.55	19	9.45
一般	86	48.59	213	53.92	182	45.96	122	60.7
比较幸福	85	48.02	159	40.25	187	47.22	52	25.87
非常幸福	4	2.26	8	2.03	9	2.27	6	2.99

从表3－3中可以看出，不同年龄阶段的样本在幸福感水平上还是存在一定差别的。虽然不同年龄阶段被调查者幸福感水平为"非常不幸福"的比例均为最低，但是在其他几个层次上的差别还是比较明显的。青少年群体样本幸福感水平"比较幸福"的比例最高，接近50%的水平，而老年群体样本幸福感水平为"比较幸福"的比例则最低，只有25.87%。此外，老年群体样本幸福感水平为"不太幸福"的比例则明显高于其他三个群体。由此可见，老年人幸福感在所有年龄阶段的群体中处于最低的水平，因此提升农村老年人的幸福感可能成为提升农村居民幸福感的重点。

3.2.3　分地区样本农村居民幸福感水平描述

在对样本总体的幸福感水平进行了描述之后，下面对不同地区样本的幸福感水平进行一个简单的比较,具体的结果如表3-4所示。

表3-4　　　　　　　　　不同地区样本幸福感水平比较

地区	非常不幸福		不太幸福		一般		比较幸福		非常幸福	
	频数	占比(%)	频数	占比(%)	频数	占比(%)	频数	占比(%)	频数	占比(%)
浙江	0	0	13	6.19	104	49.52	86	40.95	7	3.33
安徽	0	0	3	1.3	109	47.39	117	50.87	1	0.43
江西	0	0	8	5.03	95	59.75	53	33.33	3	1.89
湖北	2	1.03	9	4.62	91	46.67	78	40	15	7.69
重庆	0	0	7	7	53	53	40	40	0	0
贵州	0	0	2	1.11	92	51.11	86	47.78	0	0
甘肃	1	1.05	11	11.58	59	62.11	23	24.21	1	1.05

从表3-4中可以看出,不同地区样本幸福感水平总体上有相似的特点,即幸福感水平主要集中在中间三个层次。其中,浙江、安徽、江西、重庆、贵州均没有处于"非常不幸福"的样本;重庆和贵州均没有处于"非常幸福"的样本。样本处于"非常幸福"水平比例最高的是湖北,其次是浙江,都远远超过了全部样本的平均水平。样本处于"比较幸福"水平比例最高的是安徽,其次是贵州。由此可见,不同地区样本幸福感状况存在较大的差异,没有一个地区在幸福感水平上处于绝对领先的位置。与总体样本情况类似,对于各个地区而言,提升本地区农村居民幸福感水平的重点在于提升处于"一般"和"比较幸福"阶段的居民的幸福感水平,各个地方均面临着跨过中等幸福水平、进一步提升本地农村居民幸福感水平的重任。

3.2.4　农村居民幸福感水平变化趋势的描述

本书除了关注现时的农村居民的幸福感水平之外,还关注幸福感水平的变化趋势。为此,在调查问卷中设计了衡量被调查者幸福感水平变化的问题(见第2章表2-8)。表3-5展示了样本居民在各个指标的满意度与三年前相比的变化情况。

表 3-5　　　　　　　　样本居民幸福感各项指标满意度变化情况表

项目	明显下降		有所下降		基本没变化		有所提升		明显提升	
	样本量（个）	比例（%）	样本量（个）	比例（%）	样本量（个）	比例（%）	样本量（个）	比例（%）	样本量（个）	比例（%）
个人健康满意度	27	2.31	249	21.3	516	44.14	353	30.2	24	2.05
个人人身安全满意度	7	0.6	59	5.05	735	62.87	335	28.66	33	2.82
个人心情满意度	8	0.68	91	7.78	600	51.33	433	37.04	37	3.17
个人成就满意度	7	0.6	93	7.96	664	56.8	371	31.74	34	2.91
家庭经济状况满意度	13	1.11	108	9.24	441	37.72	566	48.42	41	3.51
家庭和睦程度满意度	5	0.43	43	3.68	561	47.99	499	42.69	61	5.22
家人安全状况满意度	4	0.34	49	4.19	673	57.57	392	33.53	51	4.36
家人成就满意度	9	0.77	70	5.99	614	52.52	433	37.04	43	3.68
人际关系满意度	7	0.6	44	3.76	628	53.72	441	37.72	49	4.19
社会公平状况满意度	22	1.88	122	10.4	640	54.75	347	29.68	38	3.25

从表 3-5 中可以看出，样本居民有关幸福感的 10 项指标的满意度水平与三年前相比均有一定程度的提升。回答"明显提升"的比例虽然不高，但还是远远超过回答"明显下降"的比例。除了"个人健康状况满意度"回答"有所下降"的比例超过 20%、"社会公平状况满意度"回答"有所下降"超过 10% 之外，其他项目回答"有所下降"的比例均在 10% 以下。这表明在大部分项目上，大部分人的满意度与三年前相比，至少没有下降。至于为什么"个人健康状况满意度"回答"有所下降"的比例偏高，一个合理的解释是个人健康水平在超过一定年龄阶段之后往往会出现下滑，因此健康满意度的下降是可以理解的。需要注意的问题是，除了"家庭经济状况满意度"回答"有所提升"的比例超过回答"基本没变化"的比例之外，其他大部分项目回答"基本没变化"的比例均超过回答"有所提升"的比例，且比其他所有选项的比例都高。这说明与三年前相比，大部分样本居民在大部分有关幸福感的项目上满意度虽然没有下降，但是也没有很明显的提升。

3.3 城乡经济一体化与农村居民幸福感的关系

3.3.1 城乡经济一体化与农村居民幸福感关系的理论分析

为什么城乡一体化可能会影响农村居民的幸福感？本书认为主要的原因在于幸福感在很大程度上取决于人们的社会比较。根据社会比较理论，人们之间的社会比较对幸福感具有重要的影响。在很多时候，决定人们幸福感的并不是人们所处的绝对位置，而是相对于其他人而言的相对位置。以收入为例，如果一个人的绝对收入提高了，那么他的幸福感是不是一定提升呢？这取决于其他人的收入有没有变化。假如其他人的收入没有增加，或者即使增加了但是增加的幅度不如此人，则这个人的收入相对于其他人而言就是提高的，从而幸福感会提升。但是，如果其他所有人的收入都增加了并且增加的幅度比此人更大，则相对于他人而言，此人收入的相对位置不仅没有提升反而有所下降，因此其幸福感不会提升，甚至可能会下降。反过来，如果在一个社会上，有些人收入虽然下降，但是相对于其他人所处的位置并没有下降，则他们的幸福感也可能不会下降，甚至可能会提升。所谓"不患寡而患不均"其实说的就是这个道理。

在城乡经济一体化过程中，以城乡公共服务为代表的城乡之间的差别在一定程度上缩小，农村居民在整个社会中的相对位置在客观上有所提升。从这个角度来看，城乡经济一体化水平越高，农村居民的幸福感水平就会越高。但是，另一方面，由于在城乡一体化过程中城乡之间的社会联系越来越紧密，农村居民以前相对封闭狭窄的视野也变得相对开阔起来。在城乡经济一体化水平较低的阶段，农村居民进行社会比较的对象可能仅仅限于本乡本村，在城乡经济一体化水平逐步提高的过程中，农村居民进行社会比较的对象逐渐转移到城市，以前感受不深的城乡差距可能在这个过程中也慢慢被更加深刻地体会到。从这个角度来看，城乡经济一体化水平的提高又可能会导致农村居民幸福感水平的下降。因此，到底城乡经济一体化是提升还是降低农村居民的幸福感，仅仅通过理论的分析还无法得出明确的结论，还需要通过进一步的实证分析为理论研究提供更多的经验证据。

3.3.2 城乡经济一体化与农村居民幸福感关系的实证分析

为了通过实证分析来探究城乡经济一体化与农村居民幸福感之间的关系，需要将本书调查所得到的有关幸福感的数据与有关城乡经济一体化的数据结合起来进行分析。

由于本书没有设计专门的指标来衡量被调查者所在地的城乡经济一体化水平，因此在实证分析中借用了现有研究成果（白永秀等，2013）中有关城乡经济一体化的数据。从理论上讲，样本所在县的城乡经济一体化水平对于样本幸福感的影响是最直接的，但是由于数据的缺乏，本书以被调查者所在省的城乡经济一体化水平作为被调查者所在县的城乡经济一体化水平的近似的替代。这种做法虽然不尽合理，但是在一定程度上也是符合中国的实际情况的，因为目前中国的行政管理体制下，省级层面是一个重要的划分层次，同一个省的居民在许多社会经济方面享有的政策是相同的。例如，同一个省的农村居民所享有的社会保险和医疗保险政策是相同的，而不同省之间却可能存在较大差别。此外，一个省的整体城乡经济一体化发展水平也基本反映了下面县市的城乡经济一体化水平。因此，在没有合适数据的情况下，用省级的城乡经济一体化指数来近似地代替样本所在地的城乡经济一体化水平也是可以接受的。

此外，在实际生活中，城乡经济一体化对农村居民的影响不仅取决于当地城乡经济一体化水平的高低，也取决于农村居民受到城乡一体化影响的程度大小。在其他条件相同的情况下，离乡镇政府所在地或离县城的距离越远，被调查者前往乡镇或县城的成本越高，频率就越低，城乡一体化状况对被调查者的影响程度就越小。因此，本书以被调查者的居住地离乡镇政府所在地及离县城的距离作为衡量农村居民受到城乡经济一体化影响程度大小的替代变量。此外，为了检验城乡一体化水平与影响程度之间是否存在交互关系，本书将城乡经济一体化指数与城乡距离的交互项也纳入计量分析。

借鉴现有的研究，在核心的解释变量城乡经济一体化指数及城乡一体化影响程度变量之外，也加入了一些主要的控制变量以便更好地探究城乡经济一体化与农村居民幸福感之间的因果关系。表3-6给出了主要的变量定义及描述性统计结果。

表3-6　　本章主要变量定义及描述性统计

变量	定义	平均值	标准差	最小值	最大值
幸福感	五分变量,"非常不幸福"=1,"不太幸福"=2,"一般"=3,"比较幸福"=4,"非常幸福"=5	3.41	0.6279	1	5
城乡经济一体化指数	连续变量,被调查者所在省份的城乡经济一体化指数	1.09	0.8129	0.14	2.63
居住地距县城的距离	连续变量,被调查者居住地离县城的距离（公里）	24.75	22.8306	0.2	145
居住地距乡镇的距离	连续变量,被调查者居住地离乡镇的距离（公里）	5.77	5.1150	0	50
性别	虚拟变量,"男性"=1,"女性"=0	0.66	0.4729	0	1
年龄	连续变量,被调查者当年的实际年龄	44.42	15.4228	14	87
健康状况	虚拟变量,"健康"=1,"不健康"=0	0.94	0.2373	0	1
婚姻状况	虚拟变量,"有配偶"=1,其他=0	0.79	0.4090	0	1
受教育程度	虚拟变量,"初中及以上"=1,其他=0	0.63	0.4826	0	1

资料来源：本项目调查数据，白永秀（2013a、b）。

由于本书的因变量农村居民幸福感是一个有序的离散变量，因此在进行计量经济分析时较适合采用有序的logistic模型（Ordered Logit）或有序的probit模型（Ordered Probit）。这两种模型的差别在于对误差项的假设不同，但是并没有证据表明哪一种模型更好，因此在实际中到底采用哪种模型往往取决于研究者的偏好。本书采用Ordered Logit模型进行分析，计量经济分析结果如表3-7所示。

表 3-7 城乡经济一体化与农村居民幸福感关系的计量分析结果（Ordered Logit 模型）

项目	模型（1）		模型（2）		模型（3）	
	系数	Z值	系数	Z值	系数	Z值
城乡经济一体化指数	0.558031***	5.14	0.554499***	5.1	0.540447***	3.41
居住地距县城的距离			-0.01153***	-3.56	-0.01095**	-2.26
居住地距乡镇的距离			0.00232	0.18	-0.00319	-0.13
一体化与县城距离交互					-0.0013	-0.18
一体化与乡镇距离交互					0.006138	0.28
性别	-0.01833	-0.14	-0.01725	-0.13	-0.01702	-0.13
年龄	-0.00684	-0.27	-0.00743	-0.3	-0.00716	-0.28
年龄^2	-1.4E-05	-0.05	-1.7E-05	-0.06	-2E-05	-0.08
健康	2.19572***	7.43	2.214399***	7.45	2.217415***	7.46
婚姻	0.327107*	1.72	0.262758	1.37	0.26085	1.36
受教育程度	0.505177***	3.37	0.478643***	3.18	0.476579***	3.15
省份虚拟变量	略		略		略	
LR chi^2	136.75		150.11		150.20	
Prob > chi^2	0.0000		0.0000		0.0000	
Pseudo R^2	0.0616		0.0676		0.0677	
Log likelihood	-1041.3		-1034.6		-1034.5	
N	1169		1169		1169	

注：显著性水平 $*p<0.10$，$**p<0.05$，$***p<0.01$。

表 3-7 中模型（1）的解释变量仅仅包含城乡经济一体化指数，检验在不考虑距离因素的情况下，城乡一体化水平与农村居民幸福感之间的关系。从回归分析的结果来看，城乡经济一体化指数的系数为正，且在 0.01 的显著性水平上显著，表明城乡经济一体化对农村居民幸福感具有正向的效应。由于这个结果是在控制了一系列的变量之后所得到的，因此也就验证了之前的推测，即城

乡经济一体化与农村居民幸福感之间存在关系，较高的城乡经济一体化水平会带来较高的农村居民幸福感。

模型（2）在模型（1）的基础上加入了居住地距县城的距离和居住地距乡镇的距离两个变量，以同时检验城乡经济一体化水平与以距离因素来衡量的农村居民受到城乡经济一体化影响程度的大小这两种变量与农村居民幸福感之间的关系。从回归分析的结果来看，模型（2）中城乡经济一体化指数的系数基本没有变化，符号同样为正且在 0.01 的显著性水平上显著，这表明在加上了距离因素之后，城乡经济一体化对农村居民幸福感仍然基本上没有改变。两个表示距离的变量系数存在差异。居住地距县城的距离的系数为负，且在 0.01 的显著性水平上显著，表明离县城距离对农村居民幸福感具有负向的效应，离县城越远的农村居民幸福感越低。不过，居住地距乡镇的距离系数并不显著，这表明乡镇距离与农村居民幸福感之间并没有相关关系。这个结果也验证了前面的推测，即城乡经济一体化对农村居民幸福感的影响不仅受城乡经济一体化水平高低的影响，也受城乡一体化状况对被调查者影响程度的影响。在两个表示城乡经济一体化对农村居民影响大小的变量中，居住地距县城的距离影响显著而居住地距乡镇的距离影响不显著，或许表明一个地方的城乡经济一体化水平对农村居民的影响来源主要在县级层面而不是乡镇层面。

模型（3）在模型（2）的基础上加入了城乡经济一体化指数与城乡距离的交互项以检验城乡经济一体化与距离之间是否存在交互效应。从回归的结果来看，城乡经济一体化指数、居住地距县城的距离、居住地距乡镇的距离这三个变量的符号和显著性均没有发生改变，系数大小也基本没有变化。不过，无论是城乡经济一体化与距县城距离的交互项还是城乡经济一体化与距乡镇距离的交互项都不显著，表明城乡经济一体化与距离因素对农村居民幸福感的影响并不存在交互效应。

至于模型中的控制变量与农村居民幸福感的关系，并不是本书所关注的重点。此处对其结果进行一个简单的说明，在后文的实证结果中将不再一一赘述这些变量的影响。

从三个模型的结果来看，性别、年龄这两个控制变量的系数均不显著，表明在本书的研究样本范围内，性别和年龄因素与农村居民幸福感之间不存在统计上的相关关系。

健康变量在三个模型中均是显著的，显著性水平均达到 0.01，且系数为正，表明身体健康的农村居民与身体不健康的农村居民相比，其幸福感水平更高。

这个结果符合我们的推测和常识，也与其他大多数研究结果是类似的。

婚姻变量只在模型（1）中是显著的，显著性水平达到0.1，且系数为正，表明在这个模型里，有配偶的农村居民与没有配偶的农村居民相比，其幸福感水平更高。这个结果也符合我们的推测，与大多数研究的结论也是类似的。

受教育程度变量在三个模型中均是显著的，显著性水平均达到0.01，且系数为正，表明受教育程度在初中及以上水平的农村居民与受教育程度在初中以下水平的农村居民相比，其幸福感水平更高。

从三个模型的结果也可以看出，本书对城乡经济一体化与农村居民幸福感之间的关系所做实证分析的结果是比较稳健的。

3.4 本章小结

本章对借助已有研究的成果及本书的调查数据对我国城乡经济一体化及农村居民幸福感的特点进行了描述性统计。在此基础上，运用计量经济学模型对城乡经济一体化与农村居民幸福感之间的关系进行了实证检验。本章的发现主要有以下几个方面：

第一，城乡经济一体化指标的数据表明我国的城乡经济一体化水平还存在巨大的区域间差异，现有的城乡经济一体化水平与经济发展水平存在较强的相关性，随着我国经济发展水平的进一步提升，我国总体的城乡经济一体化以及不同地区的城乡经济一体化水平也将会进一步提升。

第二，根据本书所做的调查，从总体看大部分样本居民幸福感状况处于中间状态，幸福感水平"一般"和"比较幸福"的占比超过90%，这表明农村居民幸福感提升的重点也在于提升中间状态居民的幸福感。

第三，本章的实证分析结果显示，城乡经济一体化水平与农村居民幸福感之间存在统计上显著的正向相关关系。这表明随着我国经济发展水平以及城乡经济一体化水平的提升，农村居民幸福感将会普遍提升。不过，城乡经济一体化与农村居民幸福感之间的这种相关性也说明当前不同区域间农村居民幸福感也存在一定的差距。落后地区要想追赶上先进地区，除了提高区域整体经济发展水平之外，还需要提高区域内城乡经济一体化水平。

第4章
城乡经济一体化趋势下物质因素与农村居民幸福感

4.1 引 言

前面的实证研究讨论了城乡经济一体化与农村居民幸福感之间的关系,研究的结果表明城乡经济一体化水平与农村经济幸福感之间存在正向相关的关系,这在一定程度上消除了本书研究者最初的担心,即随着城乡经济一体化水平的提升,农村居民可能由于社会比较对象的变化而出现幸福感下降的可能。这个结果也给出了较为正面的政策含义,即随着我国经济发展和城乡经济一体化水平的提升,农村居民幸福感水平也将随之提升。然而,由于城乡经济一体化本身是一个渐进的、缓慢提升的过程,而且城乡经济一体化水平的地区差距也是长期存在的,因此仅仅寄希望于经济发展和城乡经济一体化的自然进程来提升农村居民、特别是落后地区农村居民的幸福感显然是不足的。在城乡经济一体化水平不断提升的背景下,如何提升农村居民,尤其是城乡经济一体化水平较低地区农村居民的幸福感,仍然是一个需要研究的课题。本书后面的研究准备从物质因素和非物质因素两个角度来研究在城乡经济一体化趋势下如何提升农村居民幸福感。

本章主要讨论物质因素与农村居民幸福感之间的关系。本书所谓的物质因素,主要指的是经济因素,尤其是收入因素,因为收入是人们获取物质财富的主要手段,收入水平的提升能够在很大程度上提升人们物质生活水平。

对收入与幸福感之间关系的研究分为绝对收入和相对收入两个方面。传统的经济学理论更关注绝对收入的影响。然而,自从伊斯特林提出"幸福悖论"之后,一些研究者开始怀疑仅仅考虑绝对收入不足以解释"幸福悖论",因而引入相对收入来解释幸福感的决定。关于绝对收入与相对收入对于幸福感的相对重要性问题目前没有定论。有些研究认为相对收入对幸福感的影响比绝对收入更加重要。例如,克拉克和奥斯瓦尔德(Clark and Oswald,1996)、卢特默(Luttmer,2005)等发现绝对收入水平与主观幸福感之间只有很弱的相关关系,而以平均收入为参照的相对收入与幸福感之间则存在显著的负相关关系。耐特、宋和古纳提拉卡(Knight,Song and Gunatilaka,2009)的实证研究发现,相对收入对中国农村居民的主观幸福感的影响比绝对收入的影响要大得多。罗楚亮(2009)的研究发现虽然绝对收入对主观幸福感具有显著的正向影响,但相对收入对幸福感的边际影响远大于绝对收入。官皓(2011)的研究发现,在同时考虑相对收入和绝对收入的作用时,绝对收入对幸福感的影响不显著,而相对收入对幸福感具有显著的正向影响。另外一些研究则认为绝对收入对幸福感的影响比相对收入更加重要。例如,陈卓、续竞秦和吴伟光(2016)以浙江省农村居民为研究对象,分析了绝对收入和相对收入对处于不同阶层背景的农村居民主观幸福感的影响,结果表明尽管绝对收入对主观幸福感的边际效应随着相对收入水平的提高有所下降,但其仍然是农村居民主观幸福感的决定性影响因素。

在我国,一方面,由于农村居民收入水平较低,农村居民一些基本的生活需求尚未得到满足,在这种情况下增加绝对收入应该能够有效提升农村居民的消费水平以及由此带来的效用水平,因此绝对收入对农村居民幸福感应该具有不可忽视的影响,其重要性可能会超过相对收入。但是,另一方面,由于中国农村社会的相对封闭性和农村传统文化的影响导致了农村居民存在较强的攀比心理(卢宪英,2014),他们比城市居民更加看重"面子",更倾向于与他人进行比较,所以可能更加看重相对收入。因此,对于我国的农村居民而言,提高收入是否能提升农村居民的幸福感?到底相对收入更加重要还是绝对收入更加重要?这些问题从理论上很难得到简单的回答。为此,本章试图通过对实地调查的数据进行分析,为回答上述问题提供经验上的证据。

4.2 绝对收入与农村居民幸福感

4.2.1 绝对收入与幸福感关系的理论分析

根据经济学的基本理论，用主观效用来表示的幸福感水平的高低取决于收入水平。在传统经济学的效用函数中，效用水平的高低取决于消费数量的多少，效用函数的形式可以简单地表示为：$U = U(C)$，其中 U 和 C 分别表示效用和消费水平。不过，由于消费者选择的集合大小取决于预算约束线的位置，在价格不变的情况下，收入越高，预算约束线的位置所决定的消费者选择集合就越大，从而在其他条件不变的情况下，消费者最优的消费组合所对应的效用水平越高。这样，消费 C 可以表示为收入 y 的函数，即 $C = C(y)$。因此，效用函数可以表示为效用与收入之间的关系：$U = U[C(y)]$，并且效用水平 U 是收入 y 的增函数。基于此我们可以得知，通过发展经济来提高人们的收入水平可以提升人们的幸福感水平。

4.2.2 绝对收入与幸福感关系的实证分析

4.2.2.1 模型设定

根据现有的研究，本小节的计量模型设定如下：

$$Happiness = a_0 + a_1 Abincome + a'X + \mu$$

上式中 $Happiness$ 表示主观幸福感，$Abincome$ 表示绝对收入，X 是控制变量向量，μ 为误差项。本部分的核心解释变量是绝对收入。与现有的大多数研究类似，本书的绝对收入变量采用被调查者家庭年人均收入来表示而不是用被调查者个人的收入来表示，原因在于在一个家庭里，个人收入并不会全部用于个人的消费，只有家庭的人均收入才能够更好地反映一个家庭所有成员可以有的消费集合。关于控制变量，本书参照现有研究的结果，选取的控制变量主要包括被调查者的户主身份、性别、年龄、健康、婚姻、受教育程度等变量。此外，上一章回归的核心变量城乡经济一体化指数在本小节也作为控制变量来处理，以检验在考虑到城乡经济一体化差异的情况下,绝对收入与农村居民幸福感是否存在相关关系。各变量的定义参见表4-1。

表4-1　　　　　　　　主要变量定义及描述性统计

变量	定义	平均值	标准差	最小值	最大值
幸福感	五分变量,"非常不幸福"=1,"不太幸福"=2,"一般"=3,"比较幸福"=4,"非常幸福"=5	3.41	0.6279	1	5
绝对收入	被调查者家庭上一年度人均收入,单位为元	15117.86	13199.74	500	100000
城乡经济一体化指数	连续变量,被调查者所在省份的城乡经济一体化指数	1.09	0.8129	0.14	2.63
户主	虚拟变量,"户主"=1,"非户主"=0	0.586	0.4927	0	1
性别	虚拟变量,"男性"=1,"女性"=0	0.66	0.4729	0	1
年龄	连续变量,被调查者当年的实际年龄	44.42	15.4228	14	87
健康状况	虚拟变量,"健康"=1,"不健康"=0	0.94	0.2373	0	1
婚姻状况	虚拟变量,"有配偶"=1,其他=0	0.79	0.4090	0	1
受教育程度	虚拟变量,"初中及以上"=1,其他=0	0.63	0.4826	0	1

4.2.2.2 变量及定义

根据上述计量模型及现有的文献,本部分主要的解释变量如下:
(1) 绝对收入,用被调查者家庭上一年度人均收入来表示;
(2) 城乡经济一体化指数,用被调查者所在省份的城乡经济一体化指数来表示;
(3) 是否户主,即被调查者是否为户主;
(4) 性别,即被调查者的性别;
(5) 年龄,即调查时被调查者的年龄;
(6) 健康状况,虚拟变量,根据被调查者对自己健康状况的回答分为两类,即"健康"与"不健康";
(7) 婚姻状况,分为"有配偶"和"其他"两种情况;
(8) 受教育程度,分为"初中及以上"和"其他"两种情况。
表4-1给出了主要变量的定义及描述性统计结果。

4.2.2.3 回归结果及讨论

在下面的实证分析中,首先对全部样本进行基本的回归分析,检验绝对收入对全部样本农村居民幸福感的影响,然后将样本分为不同的区域,检验对于不同区域的样本而言绝对收入的影响是否存在差异。由于因变量是有序的离散变量,因此采用 Ordered Logit 模型进行回归分析。

(1)整体样本回归结果。从表 4-2 的结果来看,绝对收入变量的系数在 0.01 的显著性水平下显著,符号为正,这表明对全部样本而言,绝对收入对农村居民的幸福感具有正向的影响,绝对收入水平越高,对应的居民幸福感水平也就越高。这个结果与传统经济理论的预测是一致的。

表 4-2 绝对收入与幸福感关系的回归结果——整体样本回归(Ordered Logit 回归)

项目	系数	标准差	Z 值	P > Z
绝对收入	2.71E-05***	5.27E-06	5.14	0.000
城乡经济一体化指数	0.37438***	0.115085	3.25	0.001
户主	-0.05921	0.178008	-0.33	0.739
性别	0.031447	0.161529	0.19	0.846
年龄	-0.02305	0.027203	-0.85	0.397
年龄^2	0.000193	0.000279	0.69	0.49
健康	2.071168***	0.297148	6.97	0.000
婚姻	0.409795**	0.193015	2.12	0.034
受教育程度	0.435619***	0.151466	2.88	0.004
省份虚拟变量	略			
LR chi^2	165.14			
Prob > chi^2	0.0000			
Pseudo R^2	0.0744			
Log likelihood	-1027.12			
N	1169			

注:显著性水平 *$p<0.10$,**$p<0.05$,***$p<0.01$。

作为控制变量的城乡经济一体化水平的系数在 0.01 的显著性水平下也是显著

的且符号为正,这个结果与上一章对城乡经济一体化与农村居民幸福感之间关系的实证研究结果是类似的。这个结果也表明,即使在考虑到城乡经济一体化的影响之后,绝对收入与农村居民幸福感之间仍然具有统计上显著的正向相关关系。

其他的控制变量中,健康、婚姻和受教育程度三个变量通过了显著性检验,系数符号均与上一章一样。

表4-2的回归结果表明,在城乡经济一体化水平提升的过程中,促使农村居民绝对收入的提高仍然是提升农村居民幸福感的重要手段。

(2) 不同城乡经济一体化地区样本回归结果。为了进一步分析对于不同城乡经济一体化地区而言,绝对收入与农村居民幸福感之间的关系是否存在差异,下面把样本地区按照城乡经济一体化指数是否大于1分为两部分:城乡经济一体化指数大于或等于1的属于城乡经济一体化水平较高的地区,城乡经济一体化指数小于1的属于城乡经济一体化水平较低的地区。回归的结果见表4-3。

表4-3 绝对收入与幸福感关系的回归结果——分样本回归(Ordered Logit 回归)

项目	城乡经济一体化水平较高地区		城乡经济一体化水平较低地区	
	系数	Z值	系数	Z值
绝对收入	2.14E-05***	3.99	3.22E-05***	3.07
户主	-0.03231	-0.12	0.024269	0.1
性别	-0.08148	-0.32	0.227914	1.1
年龄	-0.04919	-1.3	0.016862	0.41
年龄^2	0.00051	1.38	-0.00037	-0.85
健康	2.235692***	5.92	1.393496***	2.97
婚姻	0.374084	1.34	0.215779	0.8
受教育程度	0.359617*	1.78	0.254464	1.31
LR chi^2	73.56		50.43	
Prob > chi^2	0.0000		0.0000	
Pseudo R^2	0.0702		0.0439	
Log likelihood	-487.3566		-549.61524	
N	505		664	

注:显著性水平 *$p<0.10$,**$p<0.05$,***$p<0.01$。

从表 4-3 的结果来看，在区分了不同城乡经济一体化水平的情况下，绝对收入对不同地区样本的农村居民的幸福感影响均是显著的。这表明，即使对于城乡经济一体化水平较高地区的农村居民，通过提高绝对收入也可以提高他们的幸福感水平。从表 4-3 的结果也可以发现，对于不同城乡经济一体化水平的地区，绝对收入对农村居民幸福感的影响存在差异。城乡经济一体化水平较高地区样本的绝对收入系数小于城乡经济一体化水平较低地区样本的系数，这说明对于城乡经济一体化水平较高地区的农村居民而言，绝对收入的增加对于幸福感提升的效应低于城乡经济一体化水平较低地区的农村居民。因此，对于城乡经济一体化水平较高地区的农村居民而言，要通过提高绝对收入来增进其幸福感，就需要有更大幅度的收入提升。

4.3 相对收入与农村居民幸福感

4.3.1 相对收入与幸福感关系的理论分析

上一节的回归结果虽然表明绝对收入与农村居民幸福感之间存在相关关系，但是上节的分析没有考虑相对收入的因素。如前所述，美国经济学家伊斯特林发现收入水平的提升并不总是能提高幸福感水平，由此提出了"伊斯特林悖论"。为了解释"伊斯特林悖论"，经济学家提出相对收入理论，即认为不是人们的绝对收入，而是相对收入决定幸福感。相对收入理论在许多研究中得到了经验证据的支持（Clark, Frijters and Shield, 2008; Easterlin, 2001; Rablen, 2008）。但是，也有经验研究发现，在绝对收入水平较低的时候，相对收入对幸福感的影响并不明显，只有当绝对收入达到一定水平之上，相对收入才会显得更加重要（Graham and Pettinato, 2001）。

关于相对收入对幸福感影响的机理，现有的研究认为主要有两个：（1）"攀比效应"。在一定社会群体中的个人往往倾向于和他人作比较，其他人的收入可以看成是一种参照收入。通常情况下，由于人们的妒忌心理等的作用，参照收入对幸福感具有负面的影响。因此，个人自身的幸福感随着他人收入水平的提高而发生反向变化，这就是所谓的"攀比效应"。由于"攀比效应"的存在，当社会总体收入水平提升时，个人收入虽然也会提升，但是如果自身收入没有别人收入提升幅度大,幸福感水平就会下降。从而"攀比效应"的存在为解释"收入—幸福悖论"提供了一种机制。(2)"示范效应"。参照收入不但会对居民幸福感产生负面效应,也有可能对幸福感产生正向激励,即当其他人收入上升时,人们会形成自身收入也将上升的预期,因此自身幸福感也会随之提升,这就是所谓的"示范效应"(Senik,2004)。关于"示范效应"的一个形象比喻是:在一个狭窄拥堵的隧道里排队前行的汽车,当前面的车开动时,后面的汽车虽然跟前面的汽车相比处境没有变好,但是后面汽车的司机仍然会感觉更好,因为前面汽车的开动就意味着自己的汽车在不久的将来也会顺利通过隧道。相对收入对于幸福感的实际影响取决于两种效应的相对大小。在实证研究中,多数文献支持"攀比效应"的主导作用。但是也有研究支持较强"示范效应"的存在。例如,陈钊等(2012)基于上海和深圳市的社区入户调查数据进行的研究发现,社区层面的收入差距可能会产生较强的示范效应,从而有助于提高本社区居民的幸福感。也有研究认为,"攀比效应"和"示范效应"的作用取决于不同阶层的状况及收入差距的来源。例如,何立新和潘春阳(2011)的研究发现,收入差距在总体上对居民的幸福感存在负面影响,但对不同收入阶层的影响存在明显差异。彭代彦和吴宝新(2008)的研究表明,村庄内部的农业收入差距对村庄内部农民的生活满意度具有显著的负面影响,但是非农收入差距对农民的生活满意度则没有显著的负面影响。因此,到底是"攀比效应"还是"示范效应"在相对收入与幸福感的关系中起主导作用,还有待进一步的实证验证。

在对相对收入与幸福感之间的关系进行研究时,相对收入的界定也是一个重要的问题。现有的研究大多倾向于采用客观的、横向的比较,即用被调查者自身或其家庭平均收入与一个参照系进行对比的结果来表示相对收入。这又涉及参照系的选取问题,即人们进行比较的对象到底是谁?现有的研究有两种主要做法:(1)采用一个较大地域范围的居民平均收入作为参照收入。例如,布兰奇弗洛尔和奥斯瓦尔德(Blanchflower and Oswald,2004)以被调查者所在州人均收入作为参照收入;卢特默(Luttmer,2005)则使用一种包含大约15万个居民的地域范围内的平均收入作为参照收入。罗楚亮(2006)以被调查的农村居民所在县的人均收入作为参照收入。(2)采用一个较小范围内的居民平均收入作为参照收入。例如,耐特、宋和古纳提拉卡(Knight, Song and Gunatilaka, 2009)以被调查者所在村庄的平均收入作为参照收入。李江一、李涵和甘犁(2015)使用社区平均收入作为参照收入。陈钊、徐彤和刘晓峰(2012)的研究则发现社区平均收入和与更高收入者相比较而言的收入差距对自身的幸福感均有正向影响,这表明人们相对收入的参照点可能有多个。从理论上讲,参照点的范围越小,越可能接近被调查者真正的比较对象。但是,真正的比较对象往往是因个体经历不同而存在很大差异的,这种差异并不是仅仅通过缩小参照点的范围就能消除的。因此,有些研究者主张采用主观的判断来代表相对收入。官皓(2010)认为任何客观指定的参照系都难以反映受访者对其自身相对收入地位的判断,因此在其研究中使用受访者的主观判断,即问卷中被调查者所回答的其家庭收入在当地水平的高低来表示相对收入。

4.3.2 相对收入与幸福感关系的实证分析

4.3.2.1 模型设定

根据前述理论讨论和现有的研究结果,本小节的计量模型设定如下:

$$Happiness = \beta_0 + \beta_1 Abincome + \beta_2 Reincome + \beta' X + \mu$$

上式中 $Happiness$ 表示主观幸福感,$Abincome$ 表示绝对收入,$Reincome$ 表示相对收入,X 是控制变量向量,μ 为误差项。

如前所述,关于相对收入如何表示,现有的研究者存在不同的观点。因此,与现有研究多数仅仅选取一种相对收入的表示方式不同,本书拟考察三种形式的相对收入对幸福感的影响:(1)绝对收入与参照收入之比。在本书中,参照收入用样本所在省农村居民人均收入来表示。前面说过,参照收入的对象范围小一些能够更加接近被调查者真正的比较对象,但是由于村域甚至县域的农村居民平均收入的数据并不总是能够获取,因此本书以省域农村居民平均收入作为参照收入。在计量模型中,通过对数化处理,绝对收入和参照收入均以对数形式表示。(2)主观的横向相对收入。在本书中以被调查者自评的家庭平均收入在本村中所处的位置来表示主观的横向相对收入,其含义是被调查者对于其家庭收入在本村范围内进行横向比较后对其相对收入地位所做出的主观评价,这种评价取决于被调查者自己的判断,带有一定的主观性,或许也存在一定的偏差。但是笔者认为这种主观判断本身也包含了被调查者对其所愿意进行比较的对象的选择,因此有可能比研究者所选取的一个客观的比较对象更能反映被调查者进行社会比较时所关切的对象,从而对被调查者的幸福感具有更重要的影响。(3)主观的纵向相对收入。在本书中以被调查者自评的近三年家庭收入在本村所处位置的变化来表示主观的纵向相对收入。这个变量的含义是被调查者对于其家庭收入在本村相对位置在近三年的变化进行的主观判断,主要考察的是被调查者对于其家庭收入相对状况在时间上的变化对于幸福感具有什么样的影响。从理论上讲,这种意义上的相对收入对于农村居民幸福感的影响应该比前两种意义上的相对收入的影响更加重要。

除了主要的解释变量,本节同样根据现有研究的结果设置了控制变量。本部分的控制变量主要包括被调查者的户主身份、性别、年龄、健康、婚姻、受教育程度等。

4.3.2.2 变量定义及描述性统计

表4-4给出了主要变量的定义及描述性统计结果。

表4-4 主要变量定义及描述性统计

变量	定义	平均值	标准差	最小值	最大值
幸福感	五分变量,"非常不幸福"=1,"不太幸福"=2,"一般"=3,"比较幸福"=4,"非常幸福"=5	3.4088	0.6279	1	5
绝对收入	被调查者家庭上一年度人均收入,单位为元	15117.86	13199.74	500	100000
参照收入	被调查所在省上一年度农民人均纯收入,单位为元	9124.60	3530.3	5107.8	16106
相对收入1	主观横向相对收入,定义为"自评家庭收入在本村相对位置",取值从1到5表示越来越富裕	2.698	0.8699	1	5
相对收入2	主观纵向相对收入,虚拟变量,"自评家庭收入在本村相对位置比三年前下降"=1,其他=0	0.0411	0.1985	0	1
户主	虚拟变量,"户主"=1,"非户主"=0	0.586	0.4927	0	1
性别	虚拟变量,"男性"=1,"女性"=0	0.663	0.4729	0	1
年龄	连续变量,被调查者当年的实际年龄	44.42	15.4228	14	87
健康状况	虚拟变量,"健康"=1,"不健康"=0	0.94	0.2373	0	1
婚姻状况	虚拟变量,"有配偶"=1,其他=0	0.79	0.4090	0	1
受教育程度	虚拟变量,"初中及以上"=1,其他=0	0.63	0.4826	0	1

4.3.2.3 回归结果及讨论

在下面的实证分析中，首先，对全部样本进行基本的回归分析，检验三种形式的相对收入对全部样本农村居民幸福感的影响。其次，将样本分为不同的区域，检验对于不同区域的样本而言相对收入的影响是否存在差异。最后，通过加入额外的控制变量的方法进行稳健性检验。

（1）整体样本回归结果。模型（1）检验了第一种形式的相对收入效应，在前一节全样本回归模型的基础上加上参照收入，即以样本所在省（市）当年农村人均纯收入作为参照收入来检验相对收入效应；模型（2）在前一节全样本回归模型的基础上加上主观的横向相对收入，即以被调查者自评的在本村的收入等级来表示相对收入；模型（3）则在前一节全样本回归模型的基础上加上主观的纵向相对收入，即采用被调查者自评的在本村的收入等级与三年前相比的变化来表示相对收入。回归的结果如表4–5所示。

表4–5　相对收入与幸福感关系的回归结果——整体样本回归（Ordered Logit 回归）

项目	模型（1）	模型（2）	模型（3）
对数绝对收入	0.460383 ***	0.323262 ***	0.444922 ***
对数参照收入	−0.02495		
相对收入1		0.303894 ***	
相对收入2			−1.19089 ***
户主	−0.00662	0.025077	−0.00692
性别	0.076882	0.016025	0.065805
年龄	−0.02758	−0.02584	−0.02917
年龄^2	0.000229	0.00021	0.000238
健康	1.898095 ***	1.744196 ***	1.808333 ***
婚姻	0.299102	0.258096	0.300289
受教育程度	0.233613 *	0.218225	0.255784 *
LR chi^2	122.19	137.40	136.94
Prob > chi^2	0.0000	0.0000	0.0000
Pseudo R^2	0.0551	0.0619	0.0617
Log likelihood	−1048.59	−1040.99	−1041.22
N	1169	1169	1169

注：显著性水平 $*p<0.10$，$**p<0.05$，$***p<0.01$。

从模型（1）的结果来看，在加入了参照收入之后，绝对收入的影响仍然是显著的，但是参照收入的系数在统计上不显著。这个结果与之前的推测不同，未能证实参照收入对农村居民幸福感的影响。原因可能在于以被调查者所在省的农村居民人均纯收入作为参照收入并不太适合，更好的参照系应该是被调查者所在村的人均收入，然而由于本书调查并未获取这方面的准确数据，因此无法对此进行检验。

从模型（2）的回归结果来看，主观的横向相对收入系数在0.01的显著性水平下显著，系数符号为正，表明本书所考察的主观的横向相对收入与农村居民幸福感之间具有显著的相关关系，农村居民对其在本村收入所处位置的评价越高，其幸福感水平也会越高。这个结果验证了之前有关相对收入与幸福感之间关系的理论上的推测。此外，绝对收入的系数也是显著的，这表明在考虑到主观的横向相对收入之后，绝对收入的影响仍然是显著的，绝对收入仍然是影响居民幸福感的重要因素。

从模型（3）的回归结果来看，主观的纵向相对收入系数在0.01的显著性水平下显著，表明本书所考察的主观的横向相对收入与农村居民幸福感之间具有显著的相关关系。主观的纵向相对收入系数符号为负，表明"自评家庭收入在本村相对位置比三年前下降"的农村居民幸福感水平要低于其他农村居民。这个结果同样验证了之前有关相对收入与幸福感之间关系的理论上的推测。此外，在模型（3）中，绝对收入的系数也是显著的，这表明在考虑到主观的纵向相对收入之后，绝对收入的影响仍然是显著的。

综合模型（1）~（3）的结果，可以得出一个基本的结论，即对农村居民而言，绝对收入和相对收入对于幸福感均有重要的影响。即使在考虑到相对收入效应之后，仍不能忽视绝对收入的影响。

（2）分地区样本回归的结果。与前面所做的有关绝对收入与农村居民幸福感关系的实证研究类似，为了进一步研究相对收入对不同城乡经济一体化地区农村居民幸福感的影响是否存在差异，下面把样本地区按照城乡经济一体化指数是否大于1这一条件分为两部分分别进行回归。由于上一小节的模型（2）和模型（3）都证实了相对收入效应的存在，可以用两种意义的相对收入中的任意一种来进行本节的实证分析。方便起见，本小节仅选取主观的横向相对收入进行分样本的回归分析。表4-6给出了分样本回归的结果。

表4-6 相对收入与幸福感关系的回归结果——分样本回归（Ordered Logit 回归）

项目	城乡经济一体化水平较高地区		城乡经济一体化水平较低地区	
	系数	Z值	系数	Z值
绝对收入	0.294853 **	2.26	0.274194 **	2.07
相对收入1	0.284831 **	2.37	0.340564 ***	3.10
户主	0.036833	0.14	0.027512	0.11
性别	-0.16579	-0.65	0.216939	1.04
年龄	-0.05205	-1.36	0.014491	0.35
年龄^2	0.000537	1.43	-0.00035	-0.79
健康	1.995908 ***	5.22	1.205109 **	2.56
婚姻	0.289449	1.03	0.178997	0.66
受教育程度	0.245763	1.2	0.221423	1.12
LR chi^2	82.37		59.49	
Prob > chi^2	0.000		0.000	
Pseudo R^2	0.0786		0.0517	
Log likelihood	-482.94		-545.08	
N	505		664	

注：显著性水平 $*p<0.10$，$**p<0.05$，$***p<0.01$。

从表4-6的回归结果来看，在区分了不同城乡经济一体化水平样本的情况下，绝对收入和相对收入对不同地区样本的农村居民的幸福感影响均是显著的。不过，对于不同城乡经济一体化水平的地区，绝对收入和相对收入变量的系数大小存在差异。对于城乡经济一体化水平较高地区的样本，绝对收入系数较大，而相对收入系数较小。这表明，对于城乡经济一体化水平较高的农村居民而言，绝对收入的增加对于幸福感提升的效应高于城乡经济一体化水平较低地区的农村居民，而相对收入的提升对于其幸福感提升的效应低于城乡经济一体化水平较低地区的农村居民。这个结果表明在城乡经济一体化水平较低的地区，农村居民对于相对收入更为关注，这或许说明这些地区的农村居民更加在乎在村庄内部的相对位置。城乡经济一体化水平较高的地区农村居民则可能由于比较的对象范围更加宽广，因此对在村庄内部的相对位置关注程度下降。

（3）稳健性检验。在下面的回归中，通过加入额外的控制变量的方法进行稳健性检验。以表4-5中基本的回归模型（2）为基础，依次加入环境特征、社会特征、政治参与程度等控制变量，以检验本章的核心解释变量绝对收入和相对收入的回归结果的稳健性，如表4-7所示。同样，为了简化分析，本部分的相对收入变量仅仅以主观的横向相对收入来表示。

表4-7　绝对收入、相对收入与幸福感关系的回归分析——稳健性检验

项目	（1）	（2）	（3）	（4）
对数绝对收入	0.247422***	0.237718***	0.189932**	0.190186**
相对收入1	0.317768***	0.319821***	0.292474***	0.290772***
户主	0.057521	0.051701	0.054131	0.02128
性别	0.015685	0.016195	0.008929	0.005585
年龄	-0.0248	-0.02791	-0.02965	-0.03389
年龄^2	0.000138	0.000162	0.000163	0.0002
健康	1.645188***	1.661842***	1.716999***	1.716491***
婚姻	0.28651	0.27209	0.215109	0.205141
受教育程度	0.178391	0.175078	0.237908	0.23282
饮用水质量	0.947232***	0.828792***	0.765727***	0.750561***
村医疗室条件		0.557039***	0.438865***	0.440894***
社会信任			0.757715***	0.755134***
村委选举投票				0.155804
LR chi^2	198.82	214.00	250.38	251.65
Prob > chi^2	0.0000	0.0000	0.0000	0.0000
Pseudo R^2	0.0896	0.0964	0.1128	0.1134
Log likelihood	-1010.282	-1002.69	-984.49	-983.86
N	1169	1169	1169	1169

注：显著性水平 *$p<0.10$，**$p<0.05$，***$p<0.01$。

从表4-7的回归结果来看，在依次增加额外的控制变量之后，核心变量绝对收入和相对收入还保持1%的显著性水平。在加入额外的控制变量后，不同的回归模型中核心变量的系数大小基本上没有发生变化，即使有些下降，幅度也很小。这表明本书核心变量回归的结果具有较高的稳健性。

4.4 本章小结

本章主要讨论物质因素与农村居民幸福感之间的关系。本书以收入作为物质因素的代表,从绝对收入和相对收入两个角度来考察收入因素与农村居民幸福感之间的关系。从本章实证研究的结果,可以得出以下一些结论及启示:

第一,在仅仅考虑绝对收入的情况下,绝对收入对农村居民的幸福感具有统计上显著的影响,绝对收入越高,农村居民幸福感水平也越高。

第二,在考察了三种形式的相对收入之后,发现客观意义上的相对收入对幸福感的影响并不显著,而主观的横向相对收入和主观的纵向相对收入对农村居民幸福感均具有统计上显著的影响。这个结果总体上验证了相对收入效应的存在。

第三,即使在考虑了不同形式的相对收入之后,绝对收入的影响仍然是显著的。这说明提高农村居民的绝对收入对于提高农村居民的幸福感仍然具有重要意义。

第四,在将样本按城乡经济一体化水平分为两部分之后,上述研究结论依然成立。不过,对于不同地区居民而言,绝对收入和相对收入对幸福感的影响存在一定的差异。

第5章
城乡经济一体化趋势下非物质因素对农村居民幸福感的影响：乡村环境与幸福感

5.1 引　　言

　　前面的实证研究已经表明，在城乡一体化趋势下，收入因素对农村居民的幸福感仍然有重要的影响，因此，要提升农村居民幸福感，就需要提高农村居民的收入以及相应的物质生活水平。然而，影响人们幸福感的不仅仅有物质因素，而且还有非物质的因素。

　　本书所指的非物质因素，并非是说完全跟物质没有关系的东西。例如，良好的环境并不是凭空得来的，也不是由精神力量所产生的一种幻觉，相反，要拥有良好的环境往往需要很多物质上的投入。本书将环境视为影响幸福感的非物质因素，主要原因在于环境对人幸福感的影响主要是从精神的角度产生作用的，良好的环境给人带来的幸福感不是由于物质方面的消费所产生的，而是由于它使人心情愉悦舒畅。这种由于非物质方面的原因所产生的幸福感看起来有点虚，但本质上跟物质消费所产生的幸福感是一样的。我们不能说吃饱饭所产生的满足感就是真实的，而欣赏优美的自然风光所产生的满足感就是虚幻的。因此，非物质因素与物质因素一样都可能带来幸福感的增加。根据马斯洛的需求层次理论，在基本的物质生活需求得到较大程度的满足之后，精神方面的需求就变得重要起来，因此非物质因素对人们的影响可能越来越重要。随着城乡经济一体化水平的提升和农村居民收入水平的提高，人们的物质生活满足程度越来越高,收入之外的因素可能会变得越来越重要。下面的研究将从乡村环境、乡村文化和乡村治理的角度来探讨非物质因素与农村居民幸福感之间的关系。本章主要关注乡村环境与农村居民幸福感之间的关系。

在我国农村,多年来的经济发展带来农村居民收入和生活水平大幅提高的同时,乡村的环境状况却出现了恶化,一些农村地区的环境甚至出现严重的污染。

首先,农业生产造成的面源污染日益严重。2015年农业部发布的《农业部关于打好农业面源污染防治攻坚战的实施意见》中指出:"我国农业资源环境遭受着外源性污染和内源性污染的双重压力,已成为制约农业健康发展的瓶颈约束。一方面,工业和城市污染向农业农村转移排放,农产品产地环境质量令人担忧;另一方面,化肥、农药等农业投入品过量使用,畜禽粪便、农作物秸秆和农田残膜等农业废弃物不合理处置,导致农业面源污染日益严重,加剧了土壤和水体污染风险。"同年,农业部等八部委发布的《全国农业可持续发展规划(2015~2030年)》中也指出:"农业内源性污染严重,化肥、农药利用率不足1/3,农膜回收率不足2/3,畜禽粪污有效处理率不到一半,秸秆焚烧现象严重。"可见,化肥、农药、农膜等农用生产资料的过量投入已经成为农村环境问题的重要根源。表5-1展示了近些年我国农业生产中化学品投入情况。

表 5-1　　1992~2013年我国农业生产中化学品投入量变化趋势　　单位:万吨

年份	农药使用量	化肥施用量(折纯量)	农用塑料膜使用量
1990	73.3	2590.3	48.2
1991	76.1	2805.1	—
1992	79.5	2930.2	78.1
1993	84.5	3151.9	70.7
1994	97.9	3317.9	88.7
1995	108.7	3593.7	91.5
1996	114.1	3827.9	105.6
1997	119.6	3980.7	116.2
1998	123.2	4083.7	120.7
1999	132.2	4124.3	125.9
2000	127.9	4146.4	133.5

续表

年份	农药使用量	化肥施用量（折纯量）	农用塑料膜使用量
2001	127.5	4253.8	144.9
2002	131.2	4339.4	153.9
2003	132.5	4411.6	159.2
2004	138.6	4636.6	168.0
2005	145.9	4766.2	176.2
2006	153.7	4927.7	184.5
2007	162.3	5107.8	193.7
2008	167.2	5239.0	200.7
2009	170.9	5404.4	208.0
2010	175.8	5561.7	217.3
2011	178.7	5704.2	229.5
2012	180.6	5838.8	238.3
2013	180.2	5911.9	249.3

资料来源：各年度《中国统计年鉴》和《中国农村统计年鉴》，"—"表示未找到数据。

其次，农村居民长期养成的卫生习惯及农村地区落后的基础设施所造成的村庄环境的脏、乱、差也严重影响到农民居民的生活质量。农村生活垃圾、污水欠缺处理，环保基础设施薄弱、运行率低的问题很普遍。我国约有4万个乡镇、60万个行政村和260多万个自然村，每年产生垃圾量大约为1.5亿吨。大部分乡镇由于资金匮乏，未配备专业的固定垃圾转运站和垃圾运输工具，生活垃圾乱扔、乱弃，"垃圾围村"现象非常普遍。据住建部统计数据显示，我国农村垃圾处理率只有50%左右。农村生活垃圾处理的普遍方式是简易填埋和露天焚烧，大量随意堆放的垃圾不仅破坏农村原本的自然生态面貌、浪费了资源，还经常引起害虫滋生，造成疾病传播和严重的环境污染。我国乡镇污水处理设施建设同样滞后，河道、地下水和土壤污染问题突出，部分乡村"污水横流"。2016年发布的《全国农村环境综合整治"十三五"规划》中指出，截至2015年底，仍有18%的建制村未建污水处理设施。随着生活用水、生产量的提高，农村生活污水、农业源废水污染物排放量还将持续处于高位。尽管污水处理技术日趋成熟，如厌氧—好氧—人工湿地或生态塘工艺等，但我国农村污水处理率很低,绝大多数农村污水未经处理而直接排入水体或渗入地下。中国部分年份农村环境情况如表 5-2 所示。

表 5-2　　　　　　　　中国部分年份农村环境情况统计

指标	2000 年	2001 年	2009 年	2010 年	2011 年	2012 年	2013 年
农村改水累计受益人口（万人）	88112	86113	90251	90834	89971	91208	89938
农村改水累计受益率（%）	92.4	91	94.3	94.9	94.2	95.3	95.6
累计使用卫生厕所户数（万户）	9572	11405	16056	17138	18019	18628	19401
卫生厕所普及率（%）	44.8	46.1	63.2	67.4	69.2	71.7	74.1
累计使用卫生公厕户数（万户）	—	852.8	2970.7	2827.7	2972.8	2896.6	3165.1

资料来源:《中国农村统计年鉴》(2014)。

在这种背景下,中国政府提出要大力改善农村的人居环境。2014 年 5 月,国务院办公厅印发了《关于改善农村人居环境的指导意见》,提出到 2020 年中国农村居民住房、饮水和出行等基本条件明显改善,人居环境基本实现干净、整洁、便捷,建成一批各具特色的美丽宜居村庄。2017 年 11 月 20 日,党的十九届中央全面深化改革领导小组第一次会议上审核通过了《农村人居环境整治三年行动方案》,提出要开展农村人居环境整治行动,建设美丽宜居村庄,以农村垃圾、污水治理和村容村貌提升为主攻方向,加快补齐农村人居环境突出短板。可见,改善农村人居环境成为补齐我国社会发展的短板、全面建设小康社会的重要内容。

然而,在乡村环境改善与幸福感提高之间的关系上,还没有文献进行深入的探讨。本章试图利用前面调研所得到的数据进行实证分析,为理解乡村环境与农村居民幸福感之间的关系提供经验上的证据。

5.2　环境与农村居民幸福感关系的理论探讨

前面的文献综述已经提到,大量的研究都发现空气污染、噪声等环境质量的下降对于主观幸福感具有可测量的影响。关于环境与居民幸福感的关系,从理论上来看主要是环境因素可以通过一系列渠道的传导来影响幸福感。环境对幸福感的影响主要表现在以下几个方面：

第一，环境因素可以通过刺激人们的感官、影响人们的感受而影响幸福感。比如空气污染可能会导致雾霾天气的出现，导致空气的能见度降低，造成人们心情压抑。

第二，环境因素会影响人们的健康，从而影响幸福感。这其中的传导机制可能比较复杂，但是多数研究倾向于支持环境对健康具有重要的影响。

第三，环境因素会影响人们生活的便利程度，从而影响人们的幸福感。现有的关于环境与幸福感关系的研究主要关注环境污染的问题，对更广泛的人居环境与居民幸福感之间关系的讨论很少。人居环境是人们工作劳动、生活居住、休闲娱乐和社会交往的空间场所，良好的人居环境给人生活带来舒适和便利，而糟糕的人居环境则给人造成不适和不便，从而影响人们的主观幸福感。

5.3 环境与农村居民幸福感的实证分析

5.3.1 实证模型设定

根据前面的理论讨论，借鉴现有文献及理论，本章关于环境与农村居民幸福感的实证分析的计量模型设定如下：

$$Happiness = \beta_0 + \beta_1 Environment + \beta' X + \mu$$

上式中 $Happiness$ 表示主观幸福感，$Environment$ 是表示环境状况的指标，在本章的实证分析中使用不同的指标来表示环境状况，X 是控制变量向量，μ 为误差项。

5.3.2 变量及描述性统计

5.3.2.1 变量设定

（1）被解释变量。与前面的研究类似，本节实证分析的因变量也是样本地区农村居民的幸福感。

（2）解释变量。根据前面的理论框架，本章实证研究的核心解释变量是农村的环境状况，主要是指人居环境。由于数据可获得性的制约，本书涵盖不了农村人居环境的全部方面，因此仅从三个侧面来进行研究：

第一个方面是环境污染，这是影响人居环境的一个重要因素，也是现有关于环境与幸福感关系的研究所关注的重点。如前所述，环境污染可以通过刺激人们的感官、影响人们的健康等途径来影响农村居民的幸福感。鉴于农村空气污染问题相对来说不算严重，本书主要考察水污染和生活垃圾污染所代表的环境污染程度与农村居民幸福感的关系，研究的结果可以与现有的关于环境质量与幸福感关系的研究进行对比。由于目前我国广大农村地区还没有建立起健全的环境质量监测体系，因此本书不能用客观的环境质量指标来衡量农村的环境污染程度，只能用被调查者主观的判断来表示环境污染的程度及环境质量的好坏。

第二个方面是居住条件，这是人居环境中的重要指标。居住条件可以通过影响人们生活的便利程度以及影响人们的健康等途径来影响农村居民的幸福感。居住条件包括许多方面，由于数据的限制，本书仅能从饮用水水质和厕所卫生条件两个方面来反映农村居民的居住条件。饮用水水质好坏直接关系到农村居民的健康，也对农村居民日常生活构成重要影响。如果饮用水水质不好，农村居民可能会更容易发生疾病。有些农村居民也可能因为当地饮用水水质太差而不得不到较远的地方取水，给日常生活带来很大的不便。因此，饮用水水质可能会在很大程度上影响农村居民的幸福感。厕所卫生条件则事关人们日常生活的感受。又脏又臭的厕所不仅给人带来不好的生活体验，也可能会由于滋生蚊蝇、污染水源等原因而影响人们的健康状况。因此，厕所卫生条件同样可能对农村居民的幸福感构成重要的影响。由于目前的农村地区在饮用水水质监测方面并没有建立起一个客观的监测体系，调查人员也不可能携带专业的检测设备对农户的饮用水水质进行检测，因此上述方面两个变量的数据获取也是根据被调查者的主观判断和回答来得到的。

第三个方面是村容村貌，这是一个综合反映农村环境状况的指标。村容村貌主要是通过影响人们的感官感受以及影响人们生活便利程度等影响人们的幸福感。这一变量的状况很难用一个单一的指标或指标体系来客观地表示出来，更多地取决于人们在村庄内长期生活的实际感受，因此其数据获取也依赖于被调查者个人的主观判断。

上述三个方面反映环境状况的变量是中央所提出的改善农村人居环境政策中所提出的主要内容，也是我国新农村建设中的重要举措，研究这些因素与农村居民幸福感之间的关系，也可以反映新农村建设对农村居民幸福感的作用。

(3) 控制变量。除了上述核心的解释变量,本书还包括一些控制变量。根据现有研究的结果,本书的控制变量主要包括被调查者的户主身份、性别、年龄、健康、婚姻、受教育程度、家庭收入等变量。

5.3.2.2 变量描述性统计

表5-3给出了主要变量的定义及描述性统计结果。

表5-3 主要变量定义及描述性统计

变量	定义	平均值	标准差	最小值	最大值
幸福感	五分变量,"非常不幸福"=1,"不太幸福"=2,"一般"=3,"比较幸福"=4,"非常幸福"=5	3.4088	0.6279	1	5
水污染	虚拟变量,"本村水污染较严重或很严重"=1,其他=0	0.24722	0.43158	0	1
垃圾污染	虚拟变量,"本村垃圾污染较严重或很严重"=1,其他=0	0.261762	0.439782	0	1
饮用水水质	虚拟变量,"饮用水水质较好或很好"=1,其他=0	0.488452	0.500081	0	1
卫生厕所	虚拟变量,"有水冲式卫生厕所"=1,其他=0	0.586826	0.492614	0	1
村容村貌	虚拟变量,"本村的村容村貌较好或很好"=1,其他=0	0.404619	0.491028	0	1
人均收入	被调查者家庭上一年度人均收入,单位为元	15117.86	13199.74	500	100000
性别	虚拟变量,"男性"=1,"女性"=0	0.663	0.4729	0	1
年龄	连续变量,被调查者当年的实际年龄	44.42	15.4228	14	87
健康状况	虚拟变量,"健康"=1,"不健康"=0	0.94	0.2373	0	1
婚姻状况	虚拟变量,"有配偶"=1,其他=0	0.79	0.4090	0	1
受教育程度	虚拟变量,"初中及以上"=1,其他=0	0.63	0.4826	0	1

5.3.3 回归结果

5.3.3.1 基本的回归结果

由于因变量是有序的离散变量,因此需要使用离散选择模型进行回归,本书采用了 Ordered Logit 模型进行回归分析,表 5-4 给出了基本的回归结果。表 5-4 中的模型(1)仅仅包含了环境污染变量和控制变量,模型(2)仅仅包含居住环境变量和控制变量。模型(3)仅仅包含了村容村貌变量和控制变量,模型(4)则包括了全部表示人居环境的变量。

表 5-4　　乡村环境与农村居民幸福感关系的基本的回归结果

项目	模型(1)	模型(2)	模型(3)	模型(4)
水污染	-0.400* (0.157)			-0.276* (0.162)
垃圾污染	-0.0838 (0.154)			0.164 (0.161)
饮用水水质		0.908*** (0.125)		0.747*** (0.129)
卫生厕所		0.0986 (0.131)		0.00538 (0.135)
村容村貌			0.973*** (0.123)	0.819*** (0.130)
人均收入	2.51e-05*** (4.67e-06)	2.00e-05*** (4.87e-06)	2.34e-05*** (4.71e-06)	1.98e-05*** (4.90e-06)
性别	0.0575 (0.126)	0.0897 (0.128)	0.0780 (0.128)	0.0950 (0.129)
年龄	-0.0271 (0.0251)	-0.0212 (0.0253)	-0.0402 (0.0253)	-0.0341 (0.0257)
年龄^2	0.000219 (0.000260)	9.23e-05 (0.000263)	0.000332 (0.000263)	0.000233 (0.000267)

续表

项目	模型（1）	模型（2）	模型（3）	模型（4）
健康状况	1.957*** (0.293)	1.876*** (0.294)	1.925*** (0.292)	1.841*** (0.294)
婚姻状况	0.343* (0.190)	0.343* (0.193)	0.398** (0.193)	0.415** (0.196)
受教育状况	0.352** (0.140)	0.240* (0.143)	0.267* (0.141)	0.251* (0.146)
LR chi^2	130.8	180.51	185.23	225.5
Prob > chi^2	0.0000	0.0000	0.0000	0.0000
Pseudo R^2	0.0589	0.0813	0.0835	0.102
Log likelihood	−1044.3	−1019.4	−1017.0757	−996.9
N	1169	1169	1169	1169

注：显著性水平 $*p<0.10$，$**p<0.05$，$***p<0.01$。

从模型（1）的回归结果来看，在本章所考虑的两种污染变量中，水污染对农村居民幸福感具有统计上显著的负面影响，而垃圾污染的影响在统计上并不显著。这表明从本书的样本来看，水污染会降低农村居民的幸福感，而垃圾污染则不会降低农村居民的幸福感。水污染对幸福感影响的回归结果是符合我们预期的，而垃圾污染对幸福感影响的回归结果与我们的预期有些不一致。对此结果，我们认为原因可能并不在于垃圾污染本身不会产生危害，而在于农村居民长期形成的生活习惯中并没有把垃圾的存在视为很严重的问题，对垃圾污染的负面作用还没有太多的认识。关于这一方面的疑问，超出了本书的范围，只能留待今后的研究中更加深入地进行探究。

从模型（2）的回归结果来看，在本章所考虑的两种居住条件变量中，饮用水水质对农村居民幸福感具有统计上显著的正面影响，而是否具有卫生厕所则没有显著的影响。这表明从本书的样本来看，饮用水水质的提升会提高农村居民幸福感，而拥有水冲式卫生厕所并不会提升农村居民幸福感。饮用水水质的回归结果与我们的预期是一致的，而卫生厕所的回归结果跟预期不一致。对于这个结果，可能的解释是饮用水长期以来成为影响农村居民生活质量的重要因素，农村居民也普遍意识到饮用水水质事关人的身体健康，因此对饮用水水质普遍比较关心。相对于饮用水的水质问题，厕所卫生问题一般被认为是次要的，水冲式卫生厕所在农村的普及时间还很短，许多农村居民还没有意识到卫生厕所对改善农村环境卫生状况和提高生活质量的重要性，甚至有部分农村居民还在怀念旧式旱厕能够用来收集农家肥的便利之处，因此是否有水冲式卫生厕所对于农村居民幸福感影响不显著。

模型（3）的回归结果显示，村容村貌变量对农村居民幸福感具有显著的正面影响。这表明样本居民所在村的村容村貌较好或很好能够提升居民幸福感。这个结果与我们的预期是一致的。

模型（4）的结果与模型（1）~（3）的结果基本一致，水污染、饮用水水质和村容村貌三个变量对农村居民幸福感的影响是显著的，而其他人居环境变量的影响不显著。这个结果表明各个模型所得到的结果比较稳健。

5.3.3.2 分样本回归的结果

为了进一步研究乡村环境因素对不同城乡经济一体化地区农村居民幸福感的影响是否存在差异，下面把样本地区按照城乡经济一体化指数是否大于1这一条件分为两部分分别进行回归。下面分别从环境污染、居住条件和村容村貌三个方面进行比较。

（1）分样本的环境污染与农村居民幸福感关系的回归。从表5-5的回归结果可以发现，环境污染对城乡经济一体化水平不同地区的农村居民幸福感影响存在相似的地方，但是也存在一定的差异。

表5-5　　环境污染与幸福感关系的回归结果——分地区样本回归

项目	城乡经济一体化水平较高地区		城乡经济一体化水平较低地区	
	系数	Z值	系数	Z值
水污染	-0.56636**	-2.54	-0.47499*	-1.74
垃圾污染	0.121325	0.52	-0.21776	-1.03
人均收入	1.86E-05***	3.43	3.21E-05***	3.05
性别	-0.09812	-0.52	0.235447	1.35
年龄	-0.0525	-1.42	0.00532	0.14
年龄^2	0.000539	1.48	-0.00026	-0.64
健康	2.203527***	5.85	1.423318***	3.03

续表

项目	城乡经济一体化水平较高地区		城乡经济一体化水平较低地区	
	系数	Z值	系数	Z值
婚姻	0.344508	1.23	0.268218	0.99
受教育程度	0.430314**	2.1	0.283382	1.45
LR chi^2	81.20		55.96	
Prob > chi^2	0.0000		0.0000	
Pseudo R^2	0.0775		0.0487	
Log likelihood	-483.53304		-546.84977	
N	505		664	

注：显著性水平 $*p<0.10$，$**p<0.05$，$***p<0.01$。

与前面全样本回归的结果类似，在本书所考虑的两种环境污染变量中，水污染变量对不同地区农村居民幸福感均具有统计上显著的负面影响，而垃圾污染变量的影响则在两个地区均不显著。这表明无论对于城乡经济一体化水平较高的地区，还是较低的地区，垃圾污染都还没有被视为对农村居民生活造成重要影响的因素。

对于两个地区样本回归的不同之处在于，水污染变量的系数在城乡经济一体化水平较高的子样本中绝对值更大，这表明水污染对城乡经济一体化水平较高地区的农村居民幸福感的负面效应更大。其原因可能在于城乡经济一体化水平较高地区的居民对于水污染所产生的不良后果更为敏感。

（2）分样本的居住条件与农村居民幸福感关系的回归。从表5-6的回归结果可以发现，居住条件对城乡经济一体化水平不同地区的农村居民幸福感影响相似，但是也存在一定的差异。

表5-6　居住条件与幸福感关系的回归结果——分地区样本回归

项目	城乡经济一体化水平较高地区		城乡经济一体化水平较低地区	
	系数	Z值	系数	Z值
饮用水水质	0.799039***	4.26	1.081753***	6.22
卫生厕所	0.285322	1.36	-0.07396	-0.4
人均收入	1.58E-05***	2.88	3.33E-05***	2.96

续表

项目	城乡经济一体化水平较高地区		城乡经济一体化水平较低地区	
	系数	Z值	系数	Z值
性别	−0.04048	−0.21	0.220718	1.25
年龄	−0.04762	−1.28	0.01479	0.38
年龄^2	0.000449	1.22	−0.00042	−1.02
健康	2.163049 ***	5.74	1.147484 **	2.4
婚姻	0.342163	1.2	0.297961	1.07
受教育程度	0.404678 **	1.97	0.09179	0.45
LR chi^2	95.61		92.94	
Prob > chi^2	0.0000		0.0000	
Pseudo R^2	0.0912		0.0808	
Log likelihood	−476.32712		−528.36085	
N	505		664	

注：显著性水平 *$p<0.10$，**$p<0.05$，***$p<0.01$。

与前面全样本回归的结果类似，在本书所考虑的两种反映居住条件的变量中，饮用水水质变量对不同地区农村居民幸福感均具有显著的影响，而卫生厕所变量的影响则均不显著。

对于两个地区样本回归的不同之处在于，对于城乡经济一体化水平较低地区的样本而言，饮用水变量的系数更大。产生这种差异的原因可能在于城乡经济一体化水平较低的地区农村居民饮用水水质长期以来都比较差，饮用水水质对当地居民的影响更为重大，因此饮用水水质提升对这些地区农村居民幸福感的正面效应更大。

（3）分样本的村容村貌与农村居民幸福感关系的回归。从表5-7的回归结果可以发现，村容村貌对城乡经济一体化水平不同地区的农村居民幸福感影响相似，但是也存在一定的差异。对于城乡经济一体化水平较低地区的农村居民而言，村容村貌变量的系数更大，表明村容村貌提升对这些地区农村居民幸福感的正面效应更大。

表 5-7　　村容村貌与幸福感关系的回归结果——分地区样本回归

项目	城乡经济一体化水平较高地区		城乡经济一体化水平较低地区	
	系数	Z 值	系数	Z 值
村容村貌	0.87633***	4.74	1.097398***	6.49
人均收入	1.84E-05***	3.45	0.000039***	3.6
性别	-0.07024	-0.37	0.204332	1.16
年龄	-0.07253*	-1.93	0.00782	0.2
年龄^2	0.000727**	1.97	-0.00028	-0.67
健康	2.135389***	5.65	1.39646***	3.01
婚姻	0.39242	1.39	0.31005	1.13
受教育程度	0.310835	1.52	0.207087	1.04
LR chi^2	96.59		94.16	
Prob > chi^2	0.0000		0.0000	
Pseudo R^2	0.0921		0.0819	
Log likelihood	-475.84178		-527.75132	
N	505		664	

注：显著性水平 $*p<0.10$，$**p<0.05$，$***p<0.01$。

5.4　本章小结

从本章实证研究的结果，可以得出以下一些结论及启示：

第一，水污染对农村居民的幸福感具有统计上显著的影响，这说明防治环境污染，尤其是水污染对于提高农村居民的幸福感具有重要意义。

第二，饮用水水质对农村居民的幸福感具有统计上显著的影响，因此，提升农村居民的饮用水水质对于提高农村居民的幸福感具有重要意义。

第三，村容村貌对农村居民的幸福感具有统计上显著的影响，因此，改善农村的村容村貌对于提高农村居民的幸福感具有重要意义。

第6章
城乡经济一体化趋势下非物质因素对农村居民幸福感的影响：乡村文化与幸福感

6.1 引　　言

前面一章从乡村环境的角度考察了非物质因素与农村居民幸福感之间的关系，结果表明乡村环境确实对农村居民幸福感具有影响。本章拟从乡村文化娱乐的角度来探讨非物质因素与农村居民幸福感之间的关系。倡导积极健康的休闲娱乐方式不仅关系着乡村社会风气，也关系着农村居民生活的和谐与幸福。随着农村居民收入的增加和物质生活水平的提升，文化娱乐活动在居民日常生活中所占的比重越来越高，从而文化娱乐活动对幸福感的影响也可能越来越大。

在我国，随着人民收入的提高和基本物质生活需要的满足，农村居民在精神文化方面的需求也在不断增加，表现在统计数据上就是农村居民在文化娱乐方面的人均消费支出额及其在农村居民人均消费支出中所占的比重在不断上升（见表6-1）。

表6-1　　　　　部分年份中国农村居民主要消费支出及构成统计

指标	1990年	1995年	2000年	2012年	2013年	2013年与1990年相比（%）
消费支出（元/人）	584.6	1310.4	1670.1	5908	6625.5	1133.3
（1）食品	343.8	768.2	820.5	2323.9	2495.5	725.9

续表

指标	1990年	1995年	2000年	2012年	2013年	2013年与1990年相比（%）
（2）衣着	45.4	89.8	96	396.4	438.3	964.5
（3）居住	101.4	182.2	258.3	1086.4	1233.6	1217
（4）家庭设备及用品	30.9	68.5	75.5	341.7	387.1	1252.9
（5）交通通信	8.4	33.8	93.1	652.8	796	9454.1
（6）文教娱乐	31.4	102.4	186.7	445.5	485.9	1548.4
（7）医疗保健	19	42.5	87.6	513.8	614.2	3229.4
消费支出构成（%）	100	100	100	100	100	
（1）食品	58.8	58.6	49.1	39.3	37.7	
（2）衣着	7.8	6.9	5.7	6.7	6.6	
（3）居住	17.3	13.9	15.5	18.4	18.6	
（4）家庭设备及用品	5.3	5.2	4.5	5.8	5.8	
（5）交通通信	1.4	2.6	5.6	11	12	
（6）文教娱乐	5.4	7.8	11.2	7.5	7.3	
（7）医疗保健	3.3	3.2	5.2	8.7	9.3	

资料来源：《中国农村统计年鉴》（2014）。

从表6-1中可以看出，从1990年到2013年，农村居民人均在文教娱乐方面的支出从31.4元增长到485.9元，增长幅度超过14倍。与此相比，食品、衣着等方面的支出仅仅增长6~8倍。可以预见，随着农村居民收入水平的进一步提升，农村居民在文化娱乐方面的需求将会有更大幅度的增加。

农村居民日益增长的文化娱乐方面的需求对我国农村的文化娱乐设施建设及文化娱乐服务也提出了更高的要求。然而，从我国农村的现实来看，文化娱乐设施和服务总体上来说发展不足，难以充分满足农村居民的需求。据媒体报道，有很多地方中老年的农村居民沉迷于打麻将，年轻人则迷恋上网、玩手机网络游戏等活动，沉迷于虚拟世界的感官刺激。这些问题产生的原因固然多种多样，很多问题也不是仅仅发生在农村，但是在客观上，农村居民缺乏足够的文化服务设施和文化服务机构则是不争的事实。

从表6-2中可以看出，乡镇一级的文化站数量很少，从1995年到2013年，中国乡镇文化站不仅没有增加，反而从41633个减少到34343个。群众业余演出团队虽然有大幅增加，但是与农村人口数量相比，仍然不足。2013年，乡镇文化站34343个，群众业余演出团队342649个，而当年乡村人口数为62961万人，相当于1个乡镇文化站要服务18333人，1个群众业余演出团队服务1837人。由此可见，农村居民可以享有的文化服务设施相当匮乏。根据文化部负责人就《关于推进基层综合性文化服务中心建设的指导意见》答问所提供的信息，"十一五"时期，国家实施了乡镇综合文化站建设项目，中央财政投入39.48亿元，带动地方配套资金56亿元，共建成了2.78万个乡镇文化站，基本实现了"乡乡都有文化站"的目标。但在村和社区这一层级，设施缺口还比较大，全国58万个行政村中只有38.5万个建有村文化活动室，9.719万个社区居委会中只有9.12万个建有社区文化活动室。已经设立的村（社区）文化室，有不少面积还没有达标。

表6-2　　　　　　　　中国部分年份农村文化机构统计　　　　　　单位：个

指标	1995年	2000年	2009年	2010年	2011年	2012年	2013年
乡镇文化站	41633	39348	33378	34121	34139	34101	34343
群众业余演出团队	35429	36151	259608	304505	267844	303342	342649
群众文化馆办文艺团体	7191	2940	5260	5590	7927	8750	6022

资料来源：《中国农村统计年鉴》（2014）。

为了改变这种状况，中央和各级地方政府近些年在努力加强农村的文化服务建设。2015年中共中央办公厅、国务院办公厅印发的《关于加快构建现代公共文化服务体系的意见》提出："到2020年，基本建成覆盖城乡、便捷高效、保基本、促公平的现代公共文化服务体系。公共文化设施网络全面覆盖、互联互通，公共文化服务的内容和手段更加丰富，服务质量显著提升，公共文化管理、运行和保障机制进一步完善，政府、市场、社会共同参与公共文化服务体系建设的格局逐步形成，人民群众基本文化权益得到更好保障，基本公共文化服务均等化水平稳步提高。"2015年10月2日，国务院办公厅印发了《关于推进基层综合性文化服务中心建设的指导意见》，要求推进基层综合性文化服务中心建设，在乡镇（街道）层级，对尚未建成的文化站要进行集中建设，对尚未达标的要提档升级。2018年2月4日发布的《中共中央国务院关于实施乡村振兴战略的意见》提出要"加强农村公共文化建设……推进基层综合性文化服务中心建设提供更多更好的农村公共文化产品和服务"。

虽然文化娱乐对于人们生活的重要性已经受到越来越多的关注，政府也越来越重视农村的文化设施建设和公共文化服务的提供，但是现有的文献对于文化娱乐与居民幸福感之间的关系还缺乏讨论，尤其是缺少实证分析的支持。为了探究文化娱乐与农村居民幸福感之间到底存在怎样的关系，本章拟采用前面调查得到的数据，通过实证分析来检验文化娱乐与农村居民幸福感之间的关系。

6.2 文化娱乐与农村居民幸福感关系的理论探讨

文化娱乐活动对幸福感为什么重要？原因在于随着社会的发展，人们能够享有的闲暇时间将会越来越多。从传统经济学的角度来看，闲暇时间的增加有利于提高效用水平，因为闲暇跟其他普通消费品一样都能够直接提升人们的效用水平。在收入约束下，理性的消费者在闲暇和普通消费者之间进行选择以实现效用最大化。在其他条件不变的情况下，闲暇时间的增加意味着消费者的选择集合增大，因此有利于提高效用水平。然而，仅仅拥有更多的闲暇时间并不总是能够提高效用水平，因为能否提高效用水平并不仅仅取决于闲暇时间的多少，还取决于闲暇时间的利用方式。我们不难发现，很多人的闲暇时间是在无意义的状态下度过的。如果不能有效地利用闲暇时间，则闲暇带给人们的将不是快乐，而是烦恼。有许多人因为无所事事而感到空虚、无聊，为了打发多余的时间而想尽一些办法。如何利用好闲暇时间给人带来更高的效用和幸福感呢？一个重要的途径就是利用闲暇时间进行健康积极的文化娱乐活动。健康积极的文化娱乐活动不仅能给人带来即时的心情愉悦，还能提升人的整体修养，使人的内心和精神世界得以充实，这对于提高人们的生活层次和生活质量具有长期的效果。因此，文化娱乐活动与人们的幸福有着密切的关系。

6.3 文化娱乐与农村居民幸福感关系的实证分析

6.3.1 文化娱乐服务设施与农村居民幸福感

下面通过调查数据对于文化娱乐活动与农村居民幸福感之间的关系进行实

证分析。由于农村居民的文化娱乐活动首先取决于公共文化产品和服务的提供，因此本节首先分析农村文化娱乐服务设施建设情况与农村居民幸福感之间的关系。本书的调查不可能涉及与农村文化设施相关的所有方面，在下面的研究中，仅仅以农村是否建有村级文化活动室为指标来代表农村文化娱乐服务设施建设的状况。2015年10月2日国务院办公厅印发的《关于推进基层综合性文化服务中心建设的指导意见》中提出："村（社区）综合性文化服务中心主要依托村（社区）党组织活动场所、城乡社区综合服务设施、文化活动室、闲置中小学校、新建住宅小区公共服务配套设施以及其他城乡综合公共服务设施，在明确产权归属、保证服务接续的基础上进行集合建设，并配备相应器材设备。"村级文化活动室在加强基层综合性文化设施建设中具有重要作用。虽然与城市里的文化活动设施和场所比起来还有很大的差距，但是完善的村级文化活动室至少能够为满足农村居民基本的文化娱乐需求提供基本的条件，如果加以充分利用，对于充实农村居民的闲暇时间、提高农村居民的文化娱乐活动质量也是大有裨益的。

6.3.1.1 变量设定

（1）被解释变量。与前面的研究类似，本节实证分析的因变量也是样本地区农村居民的幸福感。

（2）解释变量。根据前面的理论框架，本节实证研究的核心解释变量是被调查者所在村是否建有村级文化活动室。若被调查者在调查中关于本村是否建有村级文化活动室的问题的回答为"是"，则赋值为1，否则赋值为0。

（3）控制变量。除了上述核心的解释变量，还包括一些控制变量，主要包括被调查者的家庭人均收入、性别、年龄、健康、婚姻、受教育程度等变量。

本节除了核心的解释变量为"本村是否有文化活动室"之外，其余的控制变量与前面章节是一致的，因此关于这些变量的描述性统计在此处不再赘述。

6.3.1.2 文化设施建设与农村居民幸福感关系的回归分析

从表6-3回归的结果来看，"本村是否有文化活动室"的系数在10%的统计水平上不显著，表明农村居民所在的村是否有文化活动室对农村居民的幸福感并没有统计上显著的影响。这个研究结果与我们的预期并不一致。一个可能的解释是，村里有文化活动室并不一定意味着农村居民事实上有效利用了这个设施。如果农村居民没有有效利用村里的文化活动室，则文化活动室的存在本身并不会带来其幸福感的提升。因此，在下面的研究中将农村居民对村文化活动室的使用频率作为考察的对象，以此检验农村居民对文化活动室的使用状况是否会影响幸福感。

表6-3　文化娱乐设施与农村居民幸福感关系的基本的回归结果

项目	系数	标准差	Z值	P > Z
本村是否有文化活动室	-0.19046	0.148719	-1.28	0.200
人均收入	0.000026 ***	4.68E-06	5.54	0.000
性别	0.076165	0.125883	0.61	0.545
年龄	-0.02556	0.024919	-1.03	0.305
年龄^2	0.000195	0.000259	0.75	0.451
健康状况	2.001243 ***	0.293033	6.83	0.000
婚姻状况	0.333644 *	0.189688	1.76	0.079
受教育状况	0.329572 **	0.139712	2.36	0.018
LR chi^2	122.16			
Prob > chi^2	0.000			
Pseudo R^2	0.055			
Log likelihood	-1048.6119			
N	1169			

注：显著性水平 * $p<0.10$，** $p<0.05$，*** $p<0.01$。

6.3.2　文化娱乐活动频率与农村居民幸福感

6.3.2.1　变量设定

（1）被解释变量。与前面的研究类似，本节实证分析的因变量也是样本地区农村居民的幸福感。

（2）解释变量。根据前面的讨论，本节实证研究的核心解释变量是被调查者对所在村文化活动室的使用频率。在问卷调查中，对于被调查者对于本村文化活动室使用情况问题的回答选项有五个："①完全没用；②基本不用；③有时候有用；④使用比较频繁；⑤使用很频繁"，对上述回答分别赋值1~5，代表对村文化活动室使用频率从低到高。

（3）控制变量。除了上述核心的解释变量，还包括一些控制变量，主要包括被调查者的家庭人均收入、性别、年龄、健康、婚姻、受教育程度等变量。

本节除了核心的解释变量为"文化活动室的使用频率"之外，其余的控制变量与前面章节是一致的，因此关于这些变量的描述性统计在此处不再赘述。

6.3.2.2 全样本回归分析结果

表6-4给出了文化娱乐活动频率与农村居民幸福感关系的全样本回归结果。需要注意的是，本节回归的样本为全部调查对象中对"本村是否有文化活动室"的问题回答为"是"的那一部分样本。从表6-4回归的结果来看，变量"文化活动室的使用频率"的系数在超过0.01的显著性水平下显著，且符号为正，这表明文化活动室的使用频率与农村居民幸福感之间具有统计上显著的正向相关关系，样本农村居民对本村文化活动室的使用频率越高，其幸福感水平也越高。

表6-4 文化娱乐活动与农村居民幸福感关系的全样本回归结果

项目	系数	标准差	Z值	P>Z
文化活动室的使用频率	0.357864***	0.065142	5.49	0.000
人均收入	2.41E-05***	5.23E-06	4.61	0.000
性别	0.095196	0.142072	0.67	0.503
年龄	-0.00665	0.028691	-0.23	0.817
年龄^2	-5.7E-05	0.000299	-0.19	0.848
健康状况	2.085311***	0.349631	5.96	0.000
婚姻状况	0.215995	0.222538	0.97	0.332
受教育状况	0.166199	0.157808	1.05	0.292
LR chi^2	128.8			
Prob > chi^2	0.000			
Pseudo R^2	0.0716			
Log likelihood	-835.53034			
N	941			

注：显著性水平 *$p<0.10$，**$p<0.05$，***$p<0.01$。

6.3.2.3 分样本回归结果

为了进一步研究文化娱乐活动对不同城乡经济一体化地区农村居民幸福感的影响是否存在差异,下面把样本地区按照城乡经济一体化指数是否大于1分为两部分分别进行回归。表6-5给出了分样本回归的结果。

表6-5　　　　文化活动与幸福感关系的回归结果——分样本回归

项目	城乡经济一体化水平较高地区		城乡经济一体化水平较低地区	
	系数	Z值	系数	Z值
文化活动频率	0.252667***	2.62	0.519792***	5.53
收入	2.39E-05***	4.02	4.07E-05***	3.33
性别	-0.01249	-0.06	0.139885	0.7
年龄	-0.04553	-1.11	0.052245	1.15
年龄^2	0.000422	1.04	-0.00072	-1.47
健康	2.388369***	5.53	1.212082**	2.01
婚姻	0.385401	1.21	-0.08285	-0.25
受教育程度	0.35223	1.56	-0.09616	-0.42
LR chi^2	79.13		62.58	
Prob > chi^2	0.000		0.000	
Pseudo R^2	0.0909		0.0682	
Log likelihood	-395.87573		-427.75998	
N	424		517	

注：显著性水平 $*p<0.10$, $**p<0.05$, $***p<0.01$。

从表6-5的回归结果来看,在区分了不同城乡经济一体化水平的情况下,文化娱乐活动对不同地区样本的农村居民的幸福感影响均是显著的。不过,这个结果也显示,对于不同城乡经济一体化水平的地区,文化娱乐活动对农村居民幸福感的影响也存在差异。对于城乡经济一体化水平较低的农村居民而言,文化娱乐活动的增加对于幸福感提升的效应高于城乡经济一体化水平较高地区的农村居民。对这种结果的一种解释是：与城乡经济一体化水平较高的地区相比,城乡经济一体化水平较低地区的农村居民从事文化娱乐活动的渠道可能较少，因此本村的文化活动室就成了其从事文化娱乐活动的主要阵地，从而到本村文化活动室的频繁程度对其幸福感的影响也更大。这或许表明，在物质生活水平不是很高的地方，精神生活对物质生活的替代显得更加重要。

6.4 本章小结

本章从文化娱乐活动的一个侧面，即农村文化活动室的建设情况和农村居民对本村文化活动室的使用状况的角度探讨了文化娱乐活动与农村居民幸福感之间的关系。从本章实证研究的结果，可以得出以下一些结论及启示：

第一，乡村的文化服务设施建设对农村居民的幸福感不具有统计上显著的影响，但是这并不一定说明乡村文化服务设施建设真的不重要。因为在对拥有乡村文化活动室的样本进行分析之后，发现对于乡村文化活动室的使用频率与农村居民幸福感之间具有统计上显著的关系。这表明仅仅在农村建设一些文化活动室之类的文化服务设施是不够的，还需要通过一些措施促使农村居民能够尽可能充分地利用这些设施场所。

第二，乡村文化活动室的使用频率与农村居民幸福感之间具有统计上显著的正相关关系，这表明更多的文化娱乐活动能够增进农村居民的幸福感。

第三，乡村文化活动室使用频率对农村居民幸福感的影响在城乡经济一体化水平较低的地区比城乡经济一体化水平较高的地区影响更大，这或许表明，在物质生活水平不是很高的地方，精神生活对物质生活的替代显得更加重要。

| 第 7 章 |

城乡经济一体化趋势下非物质因素对农村居民幸福感的影响：乡村治理与幸福感

7.1 引 言

前面两章分别从乡村环境、文化娱乐活动的角度考察了非物质因素与农村居民幸福感之间的关系，结果表明乡村环境和文化娱乐活动确实对农村居民幸福感具有影响。本章从乡村治理的角度来探讨非物质因素与农村居民幸福感之间的关系。

乡村是我国社会最基本的治理单元，既可能是产生利益冲突和引发社会矛盾的重要源头，也是协调利益关系和化解社会矛盾的关键环节。因此，乡村治理的好坏不仅决定着乡村社会的发展、繁荣和稳定，也体现国家治理的整体水平。

中国传统乡土社会的基层结构是一种所谓的"差序格局"①，在这种社会结构下，道德对于规范人们的行为起着重要的作用。在现代社会治理体系的大格局下，传统乡土中国的"差序格局"逐渐淡化，农村社会的治理体系发生了根本性的改变。改革开放以来，随着市场经济改革的不断推进和农村经济的发展，农业富余劳动力不断向城市转移，大量青壮年劳动力流出乡村，传统的乡土社会受到巨大的冲击，乡村的治理结构进一步发生变化。近些年，部分农村基层

---

① 费孝通. 乡土中国 [M]. 上海：上海人民出版社，2006：27.

党组织的作用弱化,一些地方农村社会治安问题突出,农村社会的陈规陋习死灰复燃,乡村基层干部与农村居民关系紧张,这些现象背后的原因就在于乡村治理体系还不能适应农村社会的转型。

为了改善我国农村社会治理的状况,党的十九大报告提出的乡村振兴战略中明确提出要"健全自治、法治、德治相结合的乡村治理体系"。《中共中央国务院关于实施乡村振兴战略的意见》强调,"乡村振兴,治理有效是基础"。农业农村部部长韩长赋指出:"治理有效就是要加强和创新农村社会治理,加强基层民主和法治建设,让社会正气得到弘扬、违法行为得到惩治,使农村更加和谐、安定有序"。①

乡村治理关系着农村居民能否在一个安全、稳定、和谐的社会环境中生活,从根本上决定着农村居民的福祉。乡村治理状况如何影响农村居民的幸福感,是一个有意义的研究主题。然而,现有的文献对此所做的讨论并不多。本章拟利用调查数据从实证层面探究乡村治理与农村居民幸福感之间的关系。

7.2 乡村治理与农村居民幸福感的理论分析

根据马斯洛的需求层次理论,在满足了基本的生理需要之后,人们的安全需求、社交需求、尊重需求和自我实现需求变得更加重要。对于农村居民而言,这些需求的满足在很大程度上依赖于良好的乡村治理。

首先,良好的乡村治理会表现为良好的治安状况,会给农村居民带来更安全的生活环境,从而满足农村居民的安全需求。

其次,良好的乡村治理会塑造出良好的乡村社会风气,让农村居民能够生活在一个邻里关系和谐、风气淳朴的环境中,满足农村居民的社交需求。

最后,良好的乡村治理也会表现为良好的信任关系,村民与村民之间、村民与干部之间相互信任,每个人在尊重别人的同时也得到别人的尊重,从而满足农村居民的尊重需求。

---

① 乡村振兴,决胜全面小康的重大部署. 人民日报, 2017 – 11 – 16 (2).

7.3 乡村治理与农村居民幸福感的实证分析

7.3.1 实证模型设定

根据前面的理论讨论,借鉴现有文献及理论,本章关于乡村治理与农村居民幸福感的实证分析的计量模型设定如下:

$$Happiness = \beta_0 + \beta_1 Governance + \beta' X + \mu$$

上式中 $Happiness$ 表示主观幸福感,$Governance$ 是表示乡村治理状况的指标,在实证分析的时候可以有不同的指标来表示乡村治理状况,X 是控制变量向量,μ 为误差项。

7.3.2 变量及描述性统计

7.3.2.1 变量设定

(1) 被解释变量。与前面的研究类似,本节实证分析的因变量也是样本地区农村居民的幸福感。

(2) 解释变量。根据前面的理论框架,本章实证研究的核心解释变量是乡村治理状况。由于数据可获得性的制约,本书涵盖不了乡村治理状况的全部方面,因此仅从三个侧面来进行研究。

一是农村社会治安状况。农村社会治安状况是乡村治理状况的重要表现形式。农村社会治安状况影响到农村社会的安定和谐,对农村居民的安全感具有重要的影响。生活在一个社会治安状况良好的农村社区,人们会感到更加安心,不会时常处于焦虑状态。因此,从理论上来讲,更好的社会治安状况能够提升农村居民的幸福感。农村社会治安状况是一个综合性的指标,本书用被调查者所述所在村当年是否发生过盗窃等刑事案件来表示。如果被调查者叙述所在村当年发生过盗窃等刑事案件,则认为该村"社会治安状况较好",赋值为1;反之,则认为该村"社会治安状况较差",赋值为0。

二是乡村社会风气。乡村社会风气状况也是乡村治理状况的重要表现形式。如前所述,乡村社会风气对农村居民的生活状态有很大的影响,生活在一个邻里关系和谐、风气淳朴的社会环境中可以满足人们的社交需求,有助于形成良好的人际关系,也能让人心情舒畅。长期来看,社会风气也关系着农村地区的长治久安。良好的社会风气对形成良好的家风、传承中华民族的优良文化传统都是非常重要的基础条件。社会风气虽然在客观上会有很多表现,但是在研究中却很难用一个客观的指标来表示。因此,本书用被调查者对本村社会风气的主观感受和评价来表示当地乡村社会风气的好坏,数字 1 表示"社会风气很差",5 表示"社会风气很好",1~5 的数字表示中间状态。

三是对乡村干部的信任。对乡村干部的信任状况本身虽然不是乡村治理状况的直接表现形式,但是能够在很大程度上反映乡村治理状况的好坏。乡村干部,尤其是村干部,是直接与农村居民打交道的干部群体,代表了当下中国乡村治理政策的实施者,因此,农村居民对乡村干部的信任程度也反映了乡村治理水平的高低。此外,农村居民对乡村干部的信任本身就说明了干部在乡村治理中起到了很好的模范带头作用,证明了当地良好、和谐的干群关系。同时,农村居民对干部更加信任,也使得进一步开展乡村治理的工作变得更加容易,乡村治理也会更加有效。研究表明,民众对政府所提供的公共物品例如社会治安等公共物品质量的评价只有转化为政治信任之后才会对主观幸福感产生效应[①]。本书用"当家庭有困难时,首先想到求助于什么人"来代表农村居民对乡村干部的信任程度,因为如果被调查者首先想到求助于村干部或乡干部,则表明对乡村干部信任程度较高,否则说明对乡村干部的信任程度较低。

(3) 控制变量。除了上述核心的解释变量,还包括一些控制变量,主要包括被调查者的家庭人均收入、性别、年龄、健康、婚姻、受教育程度等变量。

7.3.2.2 变量描述性统计

本节除了核心的解释变量为表示乡村治理状况的几个变量之外,其余的控制变量与前面章节是一致的,因此关于这些变量的描述性统计在此处不再赘述。

表 7-1 给出了主要解释变量的定义及描述性统计结果。

---

① 祁玲玲,赖静萍. 政府行为、政治信任与主观幸福感 [J]. 学术研究,2013 (7).

表7-1　　　　　　　　主要变量定义及描述性统计

变量	定义	平均值	标准差	最小值	最大值
社会治安状况	虚拟变量,"社会治安状况较好"=1,其他=0	0.685201	0.4646345	0	1
乡村社会风气	有序离散变量,"本村社会风气很差"=1,"社会风气很好"=5	3.410607	0.772443	1	5
对乡村干部信任	虚拟变量,"对乡村干部信任程度较高"=1,其他=0	0.1642429	0.3706545	0	1

7.3.3 回归结果

7.3.3.1 全样本的回归结果

由于因变量是有序的离散变量,因此需要使用离散选择模型进行回归,本书采用了Ordered Logit模型进行回归分析,表7-2给出了基本的回归结果。表7-2中模型(1)仅仅包含了社会治安变量和控制变量,模型(2)仅仅包含社会风气变量和控制变量,模型(3)仅仅包含了对乡村干部信任变量和控制变量。

表7-2　　　　乡村治理与农村居民幸福感关系的全样本回归结果

项目	模型(1)		模型(2)		模型(3)	
	系数	Z值	系数	Z值	系数	Z值
社会治安状况	-0.12892	-1.03				
本村社会风气			0.806198***	9.59		
对乡村干部信任					0.463507***	2.89
人均收入	2.55E-05***	5.47	2.36E-05***	4.96	2.45E-05***	5.21
性别	0.070664	0.56	0.027984	0.22	0.076843	0.61
年龄	-0.02359	-0.95	-0.03105	-1.21	-0.03085	-1.23
年龄^2	0.000178	0.69	0.000236	0.89	0.000233	0.9
健康状况	1.986816***	6.79	1.981683***	6.79	1.988467***	6.8

续表

项目	模型（1）		模型（2）		模型（3）	
	系数	Z值	系数	Z值	系数	Z值
婚姻状况	0.308358	1.62	0.368544*	1.9	0.32475*	1.71
受教育状况	0.298281**	2.15	0.305548**	2.15	0.298475**	2.15
LR chi^2	121.57		219.96		128.93	
Prob > chi^2	0.000		0.000		0	
Pseudo R^2	0.0548		0.0991		0.0581	
Log likelihood	−1048.9066		−999.71067		−1045.2256	
N	1169		1169		1169	

注：显著性水平 $*p<0.10$，$**p<0.05$，$***p<0.01$。

从模型（1）的回归结果来看，社会治安状况变量的系数在统计上并不显著，这一结果跟我们之前预想的不一致，但是对这个结果需要谨慎看待，不能因此就认为社会治安状况与农村居民幸福感之间不存在关系。本书这种回归结果可能的原因是本书用被调查者所述的所在村当年是否发生过盗窃等刑事案件来代替社会治安状况，而这并不一定很充分地反映了当地实际的社会治安状况。对此，在今后的研究中需要探究更好地反映社会治安状况的指标。

从模型（2）的回归结果来看，本村社会风气变量的系数在1%的显著性水平下显著且符号为正，表明社会风气与农村居民幸福感之间存在正相关关系，样本居民对所在村社会风气评价越高，其幸福感水平也越高。这一结果与我们的预想是一致的。

从模型（3）的回归结果来看，对乡村干部信任变量的系数在1%的显著性水平下显著且符号为正，表明对乡村干部信任与农村居民幸福感之间存在正相关关系，对乡村干部信任程度较高的农村居民幸福感水平也较高。这个结果与我们设想的也是一致的。

综合模型（1）~（3）的结果，虽然模型（1）的结果与我们的设想不一致，但是总的来看，乡村治理状况与农村居民幸福感之间的相关关系在很大程度上还是得到了实证分析结果的验证。

7.3.3.2 分样本的回归结果

为了进一步研究乡村治理对不同城乡经济一体化地区农村居民幸福感的影

响是否存在差异，下面把样本地区按照城乡经济一体化指数是否大于1这一条件分为两部分分别进行回归。由于前面的实证分析发现社会治安状况与农村居民幸福感之间没有显著的相关关系，下面的分析仅仅对社会风气和对乡村干部的信任进行分样本回归分析。

（1）乡村社会风气与农村居民幸福感的关系——分样本回归。从表7－3的回归结果来看，在区分了不同城乡经济一体化水平的情况下，社会风气对不同地区样本的农村居民的幸福感影响均是显著的。回归结果也显示，对于不同城乡经济一体化水平的地区，社会风气变量的系数差异很小，表明无论对于城乡经济一体化水平较高的地区，还是较低的地区，社会风气对于农村居民幸福感的影响程度都是相似的，即人们对于社会风气的重视程度是相似的。

表7－3　　社会风气与幸福感关系的回归结果——分样本回归

项目	城乡经济一体化水平较高地区		城乡经济一体化水平较低地区	
	系数	Z值	系数	Z值
本村社会风气	0.802179***	6	0.829564***	7.49
人均收入	$1.76E-05$***	3.26	$4.16E-05$***	3.82
性别	−0.17886	−0.93	0.196751	1.11
年龄	−0.04012	−1.06	−0.00455	−0.12
年龄^2	0.000395	1.06	−0.00013	−0.3
健康	2.106803***	5.62	1.520344***	3.23
婚姻	0.39685	1.39	0.309691	1.11
受教育程度	0.343978*	1.66	0.238567	1.19
LR chi^2	111.75		111.86	
Prob > chi^2	0.0000		0.0000	
Pseudo R^2	0.1066		0.0973	
Log likelihood	−468.25828		−518.90028	
N	505		664	

注：显著性水平 *$p<0.10$，**$p<0.05$，***$p<0.01$。

（2）对乡村干部信任与农村居民幸福感的关系——分样本回归。从表7－4的回归结果可以发现，在区分了不同城乡经济一体化水平的情况下，对乡村干部信任对不同地区样本的农村居民的幸福感影响均是显著的。不过,从影响程度来看,"对乡村干部信任"对城乡经济一体化水平不同的地区的农村居民幸福感影响存在较大差异。对于城乡经济一体化水平较低地区的农村居民而言,对乡村干部信任变量的系数更大,表明对乡村干部信任程度提升对这些地区农村居民幸福感的正面效应更大,加强这些地区乡村干部的工作力度、提高乡村干部素质对农村居民幸福感具有更加重要的影响。

表7-4 对乡村干部信任与农村居民幸福感关系的回归结果——分样本回归

项目	城乡经济一体化水平较高地区		城乡经济一体化水平较低地区	
	系数	Z值	系数	Z值
对乡村干部信任	0.372942**	1.98	1.009559***	2.76
人均收入	2.13E-05***	4	3.39E-05***	3.22
性别	-0.1039	-0.55	0.226072	1.31
年龄	-0.05566	-1.5	0.013603	0.36
年龄^2	0.000574	1.57	-0.00036	-0.88
健康	2.261888***	6.01	1.284917***	2.72
婚姻	0.367844	1.31	0.248537	0.92
受教育程度	0.347017*	1.72	0.269736	1.38
LR chi^2	77.48		58.34	
Prob > chi^2	0.000		0.000	
Pseudo R^2	0.0739		0.0507	
Log likelihood	-485.39227		-545.66084	
N	505		664	

注:显著性水平 *$p<0.10$, **$p<0.05$, ***$p<0.01$。

7.4 本章小结

本章从农村社会治安状况、乡村社会风气、对乡村干部的信任三个方面探讨了乡村治理与农村居民幸福感之间的关系。从本章实证研究的结果,可以得出以下一些结论及启示:

第一，农村社会治安变量对农村居民的幸福感不具有统计上显著的影响，但是这并不一定说明农村社会治安状况真的不重要。

第二，乡村社会风气与农村居民幸福感之间具有统计上显著的正相关关系，这表明更良好的乡村社会风气能够增进农村居民的幸福感。

第三，对乡村干部的信任与农村居民幸福感之间具有统计上显著的正相关关系，这表明乡村干部的工作结果能够影响农村居民幸福感。对乡村干部的信任的影响在城乡经济一体化水平较低的地区比城乡经济一体化水平较高的地区影响更大，这或许表明，在物质生活水平不是很高的地方，良好的干群关系显得更加重要。

| 第8章 |
提升农村居民幸福感的政策建议

8.1 政策与幸福感

8.1.1 作为政策目标的幸福感

在提出政策建议之前,我们认为有些问题还需要讨论一下。首先需要讨论的问题是:提升民众幸福感能否成为政策的目标?

人们普遍赞同:生活幸福是人们追求的终极目标,因此,提高民众的幸福也应当是政府所追求的终极目标。这个共识在很多政治宣言中都得到了阐述。例如,美国的独立宣言中把追求幸福的权利跟生命权和自由权一起列为人们不可剥夺的权利。习近平同志在党的十九大报告中提出,中国共产党人的初心和使命,就是为中国人民谋幸福,为中华民族谋复兴。2018年3月,李克强总理在政府工作报告中也提出,提高保障和改善民生水平。要在发展基础上多办利民实事、多解民生难事,兜牢民生底线,不断提升人民群众的获得感、幸福感、安全感。由此可见,把追求民众的幸福作为政府的终极目标是没有太多异议的。相反,如果有哪个政府敢于宣称自己的存在不是为了民众的幸福,则恐怕这样的政府是得不到民意的支持而迟早要退出政治舞台的。

然而,对于能否把提升国民的幸福感作为具体的政策目标还存在一些争议。有些学者坚持认为幸福可以作为一个政策目标。例如,大卫·哈尔彭(2012)指出,"人们强烈地认为,国家和政策制定者应该对主观幸福感予以高度的重视",原因在于:①大多数人认为这很重要;②具有民主意义;③对幸福的关注可能会改变政策上的优先权;④主观幸福感的诸多来源会对其他方面产生溢出效应;⑤许多影响幸福的事务超出了个体的控制能力;⑥有助于边际决策的制定。国内学者邢占军也认为,将幸福指数作为一种政策目标具有重大的实践意义(邢占军,2006)。不过,他也认为幸福体验能否成为一种切实的政策目标取决于政策可以在多大程度上影响民众的幸福体验。也有一些观点不赞成将幸福感作为政策目标。有些人认为追求民众幸福的目标太过于"终极",而过于终极的目标看起来离我们太遥远,以至于没有办法检验我们离这个目标到底有多远。还有些人认为"幸福感"过于抽象,过于主观化,不适合作为一个政策目标,因为我们所看到的多数政策目标,往往是比较具体且容易计量的目标,例如GDP增长率、失业率等。

本书认为,从理论上来说,提升民众的幸福感能够成为政府的政策目标。但是,在实践中要把幸福感作为政策目标,还要注意一些问题。

首先,要有一套合适的测量民众幸福感的指标。为什么GDP这样的指标具有如此强大的影响力?一个重要的原因就在于它的测量具有相当的科学性。尽管很多人对GDP提出批评,指责它存在很多问题,但是在衡量经济成就方面,它仍然是一个难以被替代的指标。要让幸福成为政策的目标,必须有一套合适的幸福指标。在实践上,已有一些地方在探索将幸福纳入政策的目标体系。例如,2011年,广东省政府发布《幸福广东指标体系》,该指标由客观指标和主观指标两部分构成,相关指标考核将纳入政绩考核体系。

其次,要处理好幸福感目标与其他政策目标的关系。一方面,幸福感的政策目标要引领其他政策目标。作为一种更加"终极"的政策目标,幸福感的政策目标应该从更高层面对现有的政策目标进行指引。比如,长期以来,我们追求经济的快速增长,各地方互相追赶GDP,甚至产生了所谓的"GDP崇拜",各项工作都围绕GDP来实施。当我们以提升幸福感作为政策目标之后,就需要对GDP增长的目标进行反思,是不是GDP增长速度越快越好?如果不是越快越好,就不能仅仅追求GDP的高速增长,还要考虑该目标与其他目标之间的协调。由于实际上政策目标是多元的,不同政策目标之间还可能存在冲突,因此,就需要用幸福感的政策目标来指引、协调不同政策目标之间的关系。另一方面,幸福感的政策目标也不能取代其他政策目标。尽管幸福感的政策目标更加"终极",但是并不能用幸福感的政策目标来取代其他的政策目标。近些年,随着人们对"GDP崇拜"反思的深入,有些人主张抛弃GDP增长的目标而用幸福感目标来代替。这种主张其实是矫枉过正了。作为一种衡量经济成就的指标，GDP 是一种非常科学的指标。尽管 GDP 指标也存在诸多缺陷，但是目前来看还没有一种指标能够取代 GDP 在衡量经济成就方面的作用。缺少了 GDP 的指标，我们就很难衡量我们在经济增长方面取得的成就。同样，幸福感的政策目标也不能代替其他政策目标。相反，只有让其他政策目标更好地发挥作用，才能更好地判断幸福感政策目标的实现程度和实现质量。

8.1.2　作为提升幸福感手段的政策

政策能否作为提升幸福感的手段？这个问题并不是说从理论上讲政策能否影响人们的幸福感，而是说当政府希望提升民众的幸福感的时候，采用政府政策的手段是否是合适的？一直以来，经济学家信奉市场的力量，认为市场能够最有效地配置资源，从而达到福利的最大化。在一个完全竞争的市场经济中，市场机制能够充分发挥作用，自然不必借助政策手段来配置资源。然而，完全竞争的市场经济可能只是理论上的一种存在，市场的失灵被认为是现实经济中的常态。这为政府干预资源配置提供了理由。然而，市场失灵并不能证明政府可以做得比市场更好，政府失灵的例子比比皆是。许益军（2007）认为，幸福感的政策干预面临因果关系难以判定、基本边界难以辨明、促进机制难以激活三个难题，使幸福感的政策干预面临困境。张丽珍（2016）认为，需要理顺公众幸福感与公共政策之间的逻辑关系，需要考虑诸如"经济速度放慢了，就会给民众带来幸福吗？""教育资源均等化的政策是否为民众的幸福感加分？"之类的问题。因此，政策作为提升幸福感的手段并不比天然市场手段更有优势。在前面的文献综述部分已经提到，政府在提升国民幸福感的过程中要涉及对公共资源的优化配置，尤其是政府的公共支出需要根据提升幸福感的要求进行重新配置，在这个过程中，需要根据深入的调查研究的结果来考虑公共资源的配置，尽力使在提升幸福感方面进行的公共资源配置效率达到最大化。

8.2　城乡经济一体化趋势下提升农村居民幸福感的政策选择

根据本书的实证研究，下面从几个方面提出政府在提升农村居民幸福感上的政策选择。基于上一节的讨论，此处所谓的政策选择并不是指具体的政策手段或措施的选择，因为具体的手段或措施的确定要在更加有针对性地对特定对象进行分析的基础上才能提出来。因此，下面提出的一些政策选择主要是一些政策上的指导思想，或者政策倾向。

8.2.1 提升农村居民收入

根据本书对农村居民收入与幸福感关系的考察，在城乡经济一体化水平不断提升的背景下，提高农村居民收入依然是提高农村居民幸福感的重要手段。这与国内大部分研究的结果是相似的。因此，在政策选择方面，还需要继续为农村居民收入提升创造条件。

首先，提高农村居民的绝对收入仍然是提升农村居民幸福感的有力手段。本书关于绝对收入与农村居民幸福感之间关系的实证研究结果是非常稳健的，说明提高绝对收入是提升农村居民幸福感的可靠手段。当然，在城乡经济一体化水平不同的地区，绝对收入的提升对于农村居民幸福感的影响程度也存在差异。对于城乡经济一体化水平较低的地区，绝对收入的提高对当地农村居民幸福感的影响较为显著，收入的少量提升就可以取得较为明显的幸福感提升效果。对于城乡经济一体化水平较高的地区，绝对收入提高的作用相对较小，单纯通过提高绝对收入就难以取得明显的效果。

其次，在提高绝对收入的同时，也要考虑提升农村居民的相对收入。一方面，要缩小城乡收入差距。虽然本书没有验证城乡收入差距的缩小是否提升了农村居民的幸福感，但是如果城乡收入差距的缩小是伴随着城乡居民收入增加而发生的，则表明从整体上看农村居民收入增长的速度超过了城镇居民收入增长的速度，这从绝对收入的意义上来看也是有利于农村居民幸福感的提升的。另一方面，要缩小农村居民之间的收入差距。本书发现农村居民对其家庭平均收入在本村的相对位置很在意，因此，缩小农村居民内部的收入差距有利于提升农村居民幸福感。

8.2.2 改善农村人居环境

近些年国家在改善乡村人居环境方面出台了一系列的政策。根据本书的实证分析结果，乡村的人居环境对于农村居民幸福感具有重要影响。因此，如果能够实施好国家在改善乡村人居环境方面的政策，对于农村居民幸福感的提升是非常有利的。根据本书的研究，改善农村人居环境，首先，要控制农村地区的环境污染，尤其是水污染，因为这是对农村居民幸福感影响最为显著的环境污染问题。当然，其他类型的农村环境污染同样需要严加控制。其次，要继续提高农村居民饮用水水质，方便且安全的饮水对于提升农村居民幸福感同样非常重要。最后，改善村容村貌。村容村貌在整体上反映了一个地方农村的人居环境状况，无论是城乡经济一体化水平较高的地区，还是较低的地区，村容村貌的改善都能显著提升农村居民的幸福感。

8.2.3 丰富农村文化活动

文化娱乐活动与农村居民幸福感之间的关系在本书中也得到了验证。受调查数据的限制，本书只考虑了农村文化活动室的建设及其利用情况与农村居民幸福感之间的关系。从更广泛的角度来看，与农村居民文化娱乐活动相关的基础设施建设以及文化娱乐活动本身对于农村居民幸福感的影响是可以预期的。而且，随着农村居民收入水平的提升，物质生活满足程度提升对于农村居民幸福感提升的边际作用将会递减，精神生活的满足对于幸福感的提升作用可能会越来越重要。

8.2.4 提升乡村治理水平

乡村治理是农村长治久安的保证，提升乡村治理水平与农村居民幸福感之间具有显著的关系。从政策选择来看，首先要注重良好的农村社会风气的培养。本书的实证分析结果表明农村社会风气与农村居民幸福感之间具有统计上显著的正相关关系，良好的乡村社会风气能够增进农村居民的幸福感。其次，塑造良好的干群关系有利于提升农村居民对乡村干部的信任，对于提升农村居民幸福感具有重要的作用。

8.3 结　语

本书通过对国内 7 个省（市）的调查数据对农村居民幸福感的影响因素进

行了实证分析，在此基础上也提出了一些政策方面的建议。然而，幸福感研究领域还存在很多未解之谜，本书的研究也仅仅是管中窥豹，对很多问题都没有涉及。

希望本书的研究结论有助于提升学术界对农村居民幸福感影响因素的理解。然而，由于笔者水平有限，所调查的样本范围和容量也有限，对很多问题都没有涉及。这些缺陷也表明，对于该领域的研究还需要进一步深入。

参考文献

[1] 白永秀,等. 中国省域城乡发展一体化水平评价报告（2012）[M]. 北京：中国经济出版社, 2013.

[2] 白永秀,等. 中国省域城乡发展一体化水平评价报告（2013）[M]. 北京：中国经济出版社, 2013.

[3] 曹大宇. 我国居民收入与幸福感关系的研究 [D]. 华中科技大学, 2009.

[4] 曹大宇. 国外环境价值评估的新思路：生活满意度法 [J]. 环境保护, 2010（15）：67-68.

[5] 曹大宇. 环境质量与居民生活满意度的实证分析 [J]. 统计与决策, 2011（21）：84-87.

[6] 陈惠雄,吴丽民. 基于苦乐源调查的浙江省城乡居民生活状况比较分析 [J]. 中国农村经济, 2006（3）：63-69.

[7] 陈文,陈华. 成都地区城乡居民主观幸福感的调查研究 [J]. 农村经济, 2013（3）：11-15.

[8] 陈叶秀,宁艳杰. 社区环境对居民主观幸福感的影响 [J]. 城市问题, 2015（5）：60-65.

[9] 陈卓,绫竞秦,吴伟光. 农村居民主观幸福感影响分析——来自浙江省4县（市）的证据 [J]. 农业技术经济, 2016（10）：38-48.

[10] 崔红志. 农村老年人主观幸福感影响因素分析——基于全国8省（区）农户问卷调查数据 [J]. 中国农村经济, 2015（4）：72-80.

[11] 大卫·哈尔彭. 隐形的财富：幸福感、社会关系与权力共享 [M]. 汪晓波,裴虹博,译. 北京：电子工业出版社, 2012.

[12] 官皓. 收入对幸福感的影响研究：绝对水平和相对地位 [J]. 南开经济研究, 2010（5）：56-70.

[13] 康君. 相对幸福最大化视角下的公共政策选择 [J]. 中国国情国力, 2009（7）：10-12.

[14] 康君. 基于政策效应的民众幸福感测量研究 [J]. 统计研究, 2009, 26 (9): 82-86.

[15] 李江一, 李涵, 甘犁. 家庭资产—负债与幸福感: "幸福—收入"之谜的一个解释 [J]. 南开经济研究, 2015 (5): 3-23.

[16] 李树, 陈刚. 幸福的就业效应——对幸福感、就业和隐性再就业的经验研究 [J]. 经济研究, 2015, 50 (3): 62-74.

[17] 李卫平, 王智慧. 2008年奥运会的举办对北京市民幸福指数影响的研究 [M]. 北京: 北京体育大学出版社, 2010.

[18] 林毅夫, 蔡昉, 李周. 中国的奇迹: 发展战略与经济改革(增订版) [M]. 上海: 格致出版社、上海三联书店、上海人民出版社, 2008.

[19] 刘同山, 孔祥智. 经济状况、社会阶层与居民幸福感——基于CGSS2010的实证分析 [J]. 中国农业大学学报 (社会科学版), 2015, 32 (5): 76-84.

[20] 刘向东, 陶涛. 幸福感评价指标体系研究——基于"幸福圈层理论"的实证分析 [J]. 中国人民大学学报, 2012, 26 (5): 99-107.

[21] 刘靖, 毛学峰, 熊艳艳. 农民工的权益与幸福感——基于微观数据的实证分析 [J]. 中国农村经济, 2013 (8): 65-77.

[22] 刘宏, 明瀚翔, 赵阳. 财富对主观幸福感的影响研究——基于微观数据的实证分析 [J]. 南开经济研究, 2013 (4): 95-110.

[23] 刘军强, 熊谋林, 苏阳. 经济增长时期的国民幸福感——基于CGSS数据的追踪研究 [J]. 中国社会科学, 2012 (12): 82-102+207-208.

[24] 陆铭, 王亦琳, 潘慧, 杨真真. 政府干预与企业家满意度——以广西柳州为例的实证研究 [J]. 管理世界, 2008 (7): 116-159.

[25] 卢宪英. 社会比较理论视角下的农村攀比现象考察——以山东省3市10村为例. 中国农村观察, 2014 (3): 65-72.

[26] 罗楚亮. 城乡分割、就业状况与主观幸福感差异 [J]. 经济学(季刊), 2006, 5 (3): 817-840.

[27] 罗楚亮. 绝对收入、相对收入与主观幸福感——来自中国城乡住户调查数据的经验分析 [J]. 财经研究, 2009, 35 (11): 79-91.

[28] 马华, 王红卓. 从礼俗到法治: 基层政治生态运行的秩序变迁 [J]. 求实, 2018 (1): 50-59+110-111.

[29] 苗元江. 心理学视野中的幸福 [D]. 南京师范大学, 2003.

[30] 苗元江, 余嘉元. 积极心理学: 理念与行动 [J]. 南京师大学报(社会科学版), 2003 (2): 81-87.

[31] 苗元江. 影响幸福感的诸因素 [J]. 社会, 2004 (4): 20-23.

[32] 苗元江. 从幸福感到幸福指数——发展中的幸福感研究 [J]. 南京社会科学, 2009

(11): 103-108.

[33] 苗元江, 朱晓红, 陈浩彬. 从理论到测量——幸福感心理结构研究发展 [J]. 徐州师范大学学报 (哲学社会科学版), 2009, 35 (2): 128-133.

[34] 聂建亮, 钟涨宝. 环境卫生、社会治安与农村老人幸福感——基于对湖北省农村老人的问卷调查 [J]. 华中农业大学学报 (社会科学版), 2017 (2): 60-68+132-133.

[35] 欧阳志刚. 中国城乡经济一体化的推进是否阻滞了城乡收入差距的扩大 [J]. 世界经济, 2014 (2): 116-135.

[36] 彭代彦, 赖谦进. 农村基础设施建设的福利影响 [J]. 管理世界, 2008 (3): 175-176.

[37] 彭代彦, 吴宝新. 农村内部的收入差距与农民的生活满意度 [J]. 世界经济, 2008 (4): 79-85.

[38] 祁玲玲, 赖静萍. 政府行为、政治信任与主观幸福感 [J]. 学术研究, 2013 (7): 52-58.

[39] 任海燕, 傅红春. 收入与居民幸福感关系的中国验证——基于绝对收入与相对收入的分析 [J]. 南京社会科学, 2011 (12): 15-21.

[40] 汝信, 陆学艺, 李培林. 2005年: 中国社会形势分析与预测 [M]. 北京: 社会科学文献出版社, 2004.

[41] 宋丽娜, Simon Appleton. 对中国当前城市社会稳定性的实证研究 [J]. 经济学 (季刊), 2007, 6 (4): 1339-1358.

[42] 孙凤. 性别、职业与主观幸福感 [J]. 经济科学, 2007 (1): 95-106.

[43] 孙凤. 主观幸福感的结构方程模型 [J]. 统计研究, 2007 (2): 27-32.

[44] 汤凤林, 甘行琼. 经济增长、国民幸福与中国公共支出政策改革 [J]. 贵州社会科学, 2013 (5): 129-133.

[45] 汤凤林, 雷鹏飞. 收入差距、居民幸福感与公共支出政策——来自中国社会综合调查的经验分析 [J]. 经济学动态, 2014 (4): 41-55.

[46] 田国强, 杨立岩. 对"幸福—收入之谜"的一个解答 [J]. 经济研究, 2006 (11): 4-15.

[47] 王磊. 家庭建设、国家政策与幸福感——基于2015年中国家庭幸福感热点问题调查 [J]. 调研世界, 2016 (10): 3-6.

[48] 魏翔. 闲暇时间与经济增长——兼对中国数据的实证检验 [J]. 财经研究, 2005 (10): 95-107.

[49] 魏翔. 基于闲暇时间—效用函数的居民消费研究——对中国数据的实证检验 [J]. 经济科学, 2006 (4): 104-113.

[50] 魏翔, 虞义华. 闲暇效应对经济产出和技术效率的影响 [J]. 中国工业经济, 2011 (1): 130-139.

[51] 魏翔,陈倩.闲暇如何影响经济增长?——幸福感与经济效率关系的理论研究与仿真模拟[J].财经研究,2012,38(4):102-111.

[52] 武康平,童健,储成君.环境质量对居民幸福感的影响——从追求健康水平的消费动机出发[J].技术经济,2015,34(6):95-105.

[53] 吴少进,谢丽丽.当前中国村级社会政治信任建构的现实路径——以皖西南H村为例[J].湖北经济学院学报(人文社会科学版),2016,13(9):7-9.

[54] 邢占军.中国城市居民主观幸福感量表的编制研究[D].华东师范大学,2003.

[55] 邢占军.幸福指数的政策意义[J].红旗文稿,2006(12):11-13.

[56] 邢占军,等.公共政策导向的生活质量评价研究[M].山东:山东大学出版社,2011.

[57] 邢占军.我国居民收入与幸福感关系的研究[J].社会学研究,2011,25(1):196-219+245-246.

[58] 许益军.幸福感的政策干预:困境及其突破策略[J].学习与实践,2007(10):146-151.

[59] 徐仲安,张晓林,刘双艳.中国农村居民幸福指数指标体系的构建——以四川省茂县为案例[J].中央民族大学学报(哲学社会科学版),2013,40(1):31-37.

[60] 宣烨,余泳泽.公共支出结构、公共服务与居民幸福感[J].劳动经济研究,2016,4(5):96-119.

[61] 奚恺元,王佳艺,陈景秋.撬动幸福[M].北京:中信出版社,2007.

[62] 奚恺元,张国华,张岩.从经济学到幸福学[J].上海管理科学,2003(3):4-5.

[63] 尹华站,苏琴,黄希庭.国内十年主观幸福感研究的内容分析[J].西南大学学报(社会科学版),2012(9):100-105.

[64] 尤亮,霍学喜,杜文超.绝对收入、社会比较与农民主观幸福感——基于陕西两个整村农户的实证考察[J].农业技术经济,2018(4):111-125.

[65] 余长林.教育、闲暇与经济增长——理论模型与经验分析[J].南开经济研究,2006(1):88-100.

[66] 张丽珍.理解政策终结:现象、问题及价值[J].公共管理与政策评论,2016,5(4):60-66.

[67] 张晓林,靳共元,康慧.基于灰色关联的农村居民幸福感影响因素分析——以山西省所属11个地级市为例[J].当代经济研究,2014(2):40-47.

[68] 赵新宇,姜扬,范欣.宏观税负、亲贫式支出与公众主观幸福感[J].当代经济研究,2013(9):89-92.

[69] 郑君君,刘璨,李诚志.环境污染对中国居民幸福感的影响——基于CGSS的实证分析[J].武汉大学学报(哲学社会科学版),2015,68(4):66-73.

[70] 郑卫星.居民主观幸福感评价指标体系初探[J].中国统计,2011(12).

[71] 祝仲坤, 冷晨昕. 中国进城农民工的居住状况与主观幸福感——基于流动人口动态监测数据的实证分析 [J]. 劳动经济研究, 2017, 5 (2): 56-79.

[72] Abbott P., Sapsford R. Life-Satisfaction in Post-Soviet Russia and Ukraine [J]. Journal of Happiness Studies, 2006, 7 (2): 251-287.

[73] Alesina A., Di Tella R., Macculloch R. Inequality and happiness: Are Europeans and Americans different? [J]. Journal of Public Economics, 2004 (88): 2009-2042.

[74] Alpizar F., Carlsson F., Johansson-Stenman O. How much do we care about absolute versus relative income and consumption? [J]. Journal of Economic Behavior & Organization, 2005 (56): 405-421.

[75] Van H. A. A short introduction to subjective well-being: Its measurement, correlates and policy uses [C]//Trabajo presentado en la International conference: Is happy measurable and what do those measures mean for policy, 2007.

[76] Ball R., Chernova K. Absolute Income, Relative Income, and Happiness [J]. Social Science Electronic Publishing, 2008, 88 (3): 497-529.

[77] Becchetti L., Castriota S., Bedoya L. Climate, happiness and the Kyoto protocol: Someone does not like it hot [J]. Centre for Economic and International Studies (CEIS) Working Paper, 2007: 247.

[78] Praag B. M. S. V., Baarsma B. E., Praag E. B. M. S. V. Using Happiness Surveys to Value Intangibles: The Case of Airport Noise [J]. CESifo Working Paper Series, 2004, 115 (500): 224-246.

[79] Bertrand M., Mullainathan S. Do People Mean What They Say? Implications for Subjective Survey Data [J]. American Economic Review, 2001, 91 (2): 67-72.

[80] Blanchflower D. G., Oswald A. J. Well-being over time in Britain and the USA [J]. Journal of Public Economics, 2004, 88 (7-8): 1359-1386.

[81] Blanchflower D. G., Oswald A. J. Money, sex and happiness: An empirical study [J]. Scandinavian Journal of Economics, 2004, 106 (3): 393-415.

[82] Blanchflower D. G., Oswald A. J. Hypertension and happiness across nations [J]. Journal of Health Economics, 2008, 27 (2): 218-233.

[83] Booth A. L., Van O. J. C. Job satisfaction and family happiness: the part-time work puzzle [J]. The Economic Journal, 2008, 118 (526): F77-F99.

[84] Borooah V. K. What Makes People Happy? Some Evidence from Northern Ireland [J]. Journal of Happiness Studies, 2006, 7 (4): 427-465.

[85] Brockmann H., Delhey J., Welzel C., Hao Y. The China puzzle: Falling happiness in a rising economy [J]. Journal of Happiness Studies, 2009, 10 (4): 387-405.

[86] Bruni L., Stanca L. Income Aspirations, Television and Happiness: Evidence from the

World Values Survey [J]. *Kyklos*, 2006, 59 (2): 209 – 225.

[87] Burchardt T. Are one man's rags another man's riches? Identifying adaptive expectations using panel data [J]. *Social Indicators Research*, 2005, 74 (1): 57 – 102.

[88] Carletto G., Zezza A. Being poor, feeling poorer: combining objective and subjective measures of welfare in Albania [J]. *The Journal of Development Studies*, 2006, 42 (5): 739 – 760.

[89] Chan Y. K., Lee R. P. L. Network size, social support and happiness in later life: A comparative study of Beijing and Hong Kong [J]. *Journal of Happiness Studies*, 2006, 7 (1): 87 – 112.

[90] Cheung C. K., Leung K. K. Forming life satisfaction among different social groups during the modernization of China [J]. *Journal of Happiness Studies*, 2004, 5 (1): 23 – 56.

[91] Clark A. E., Oswald A. J. Unhappiness and unemployment [J]. *The Economic Journal*, 1994, 104 (424): 648 – 659.

[92] Clark A. E. Job satisfaction, gender: why are women so happy at work? [J]. *Labour Economics*, 1997, 4 (4): 341 – 372.

[93] Clark A. E. Are wages habit-forming? Evidence from micro data [J]. *Journal of Economic Behavior & Organization*, 1999, 39 (2): 179 – 200.

[94] Clark A. E. What really matters in a job? Hedonic measurement using quit data [J]. *Labour Economics*, 2001, 8 (2): 223 – 242.

[95] Clark A. E. Unemployment as a social norm: Psychological evidence from panel data [J]. *Journal of Labor Economics*, 2003, 21 (2): 323 – 351.

[96] Clark A., Oswald A. Satisfaction and Comparison Income [J]. *Journal of Public Economics*, 1996 (61): 359 – 381.

[97] Clark A. E., Oswald A. J. Comparison-concave utility and following behaviour in social and economic settings [J]. *Journal of Public Economics*, 1998, 70 (1): 133 – 155.

[98] Clark A., Georgellis Y. and Sanfey P. Scarring: The psychological impact of past unemployment [J]. *Economica*, 2001, 68 (270): 221 – 241.

[99] Clark A. E., Frijters P., Shields M. A. Relative income, happiness, and utility: An explanation for the Easterlin paradox and other puzzles [J]. *Journal of Economic literature*, 2008, 46 (1): 95 – 144.

[100] Clark A. E., Diener E., Georgellis Y., Lucas R. E. Lags and leads in life satisfaction: A test of the baseline hypothesis [J]. *The Economic Journal*, 2008, 118 (529): F222 – F243.

[101] Diener E. D., Emmons R. A., Larsen R. J., Griffin S. The satisfaction with life scale [J]. *Journal of Personality Assessment*, 1985, 49 (1): 71 – 75.

[102] Diener E., Diener M., Diener C. Factors predicting the subjective well-being of nations [M]//*Culture and well-being. Springer, Dordrecht*, 2009: 43 – 70.

[103] Diener E., Oishi S. Money and happiness: Income and subjective well-being across nations [J]. *Culture and Subjective Well-being*, 2000: 185 – 218.

[104] Di Tella R., MacCulloch R. J., Oswald A. J. Preferences over inflation and unemployment: Evidence from surveys of happiness [J]. *American Economic Review*, 2001, 91 (1): 335 – 341.

[105] Di Tella R., MacCulloch R. J., Oswald A. J. The macroeconomics of happiness [J]. *Review of Economics and Statistics*, 2003, 85 (4): 809 – 827.

[106] Di Tella, R., MacCulloch, R. J. Some Uses of Happiness Data in Economics [J]. *Journal of Economic Perspectives*, 2006 (20): 25 – 46.

[107] Dorn D., Fischer J. A. V., Kirchgässner G., Sousa – Poza A. Direct democracy and life satisfaction revisited: new evidence for Switzerland [J]. *Journal of Happiness Studies*, 2008, 9 (2): 227 – 255.

[108] Duesenberry J. S. Income, saving, and the theory of consumer behavior [J]. *Cambridge: Harvard U. Press*, 1949.

[109] Easterlin R. A. Does economic growth improve the human lot? Some empirical evidence [M]//*Nations and households in economic growth. Academic Press*, 1974: 89 – 125.

[110] Easterlin R. A. Will raising the incomes of all increase the happiness of all? [J]. *Journal of Economic Behavior & Organization*, 1995, 27 (1): 35 – 47.

[111] E asterlin R. A. Income and happiness: Towards a unified theory [J]. *The Economic Journal*, 2001, 111 (473): 465 – 484.

[112] Easterlin R. A. Feeding the illusion of growth and happiness: A reply to Hagerty and Veenhoven [J]. *Social Indicators Research*, 2005, 74 (3): 429 – 443.

[113] Ferrer-i – Carbonell A., Frijters P. How important is methodology for the estimates of the determinants of happiness? [J]. *The Economic Journal*, 2004, 114 (497): 641 – 659.

[114] Ferrer-i – Carbonell A. Income and Well-being: An Empirical Analysis of the Comparison Income Effect [J]. *Journal of Public Economics*, 2005, 89 (5 – 6): 997 – 1019.

[115] Fredrickson B. L., Kahneman D. Duration neglect in retrospective evaluations of affective episodes [J]. *Journal of Personality and Social Psychology*, 1993, 65 (1): 45.

[116] Frank R. H. Are workers paid their marginal products? [J]. *The American Economic Review*, 1984, 74 (4): 549 – 571.

[117] Frey B. S., Stutzer A. Maximising happiness? [J]. *German Economic Review*, 2000, 1 (2): 145 – 167.

[118] Frey B. S., Stutzer A. Happiness, economy and institutions [J]. *The Economic Journal*, 2000, 110 (466): 918 – 938.

[119] Frey B. S., Stutzer A. What can economists learn from happiness research? [J]. *Jour-

nal of Economic Literature, 2002, 40 (2): 402 - 435.

[120] Frey B. S., Stutzer A. Happiness and economics: How the economy and institutions affect human well-being [M]. Princeton University Press, 2010.

[121] Frijters P. Do individuals try to maximize general satisfaction? [J]. Journal of Economic Psychology, 2000, 21 (3): 281 - 304.

[122] Frijters P., Haisken - DeNew J. P., Shields M. A. Money does matter! Evidence from increasing real income and life satisfaction in East Germany following reunification [J]. American Economic Review, 2004, 94 (3): 730 - 740.

[123] Fuentes N., Rojas M. Economic theory and subjective well-being: Mexico [J]. Social Indicators Research, 2001, 53 (3): 289 - 314.

[124] Galizzi M., Lang K. Relative wages, wage growth, and quit behavior [J]. Journal of Labor Economics, 1998, 16 (2): 367 - 390.

[125] Gardner J., Oswald A. J. Do divorcing couples become happier by breaking up? [J]. Journal of the Royal Statistical Society: Series A (Statistics in Society), 2006, 169 (2): 319 - 336.

[126] Gardner J., Oswald A. J. Money and mental wellbeing: A longitudinal study of medium-sized lottery wins [J]. Journal of Health Economics, 2007, 26 (1): 49 - 60.

[127] Kingdon G. G., Knight J. Community, comparisons and subjective well-being in a divided society [J]. Journal of Economic Behavior & Organization, 2007, 64 (1): 69 - 90.

[128] Gerlach K., Stephan G. A paper on unhappiness and unemployment in Germany [J]. Economics Letters, 1996, 52 (3): 325 - 330.

[129] Goedhart T., Halberstadt V., Kapteyn A., Van P. The poverty line: concept and measurement [J]. Journal of Human Resources, 1977: 503 - 520.

[130] Graham C., Pettinato S. Happiness, markets, and democracy: Latin America in comparative perspective [J]. Journal of Happiness Studies, 2001, 2 (3): 237 - 268.

[131] Graham C., Eggers A., Sukhtankar S. Does Happy Pay? An Exploration Based on Panel Data from Russia [J]. Journal of Economic Behavior and Organization, 2004, 55 (3): 319 - 342.

[132] Graham C., Felton A. Inequality and happiness: insights from Latin America [J]. The Journal of Economic Inequality, 2006, 4 (1): 107 - 122.

[133] Güth W., Schmittberger R., Schwarze B. An experimental analysis of ultimatum bargaining [J]. Journal of Economic Behavior & Organization, 1982, 3 (4): 367 - 388.

[134] Hayo B., Seifert W. Subjective economic well-being in Eastern Europe [J]. Journal of Economic Psychology, 2003, 24 (3): 329 - 348.

[135] Helliwell J. F. How's life? Combining individual and national variables to explain subjective well-being [J]. Economic Modelling, 2003, 20 (2): 331 - 360.

[136] Helliwell J. F., Huang H. How's the job? Well-being and social capital in the workplace

[J]. *ILR Review*, 2010, 63 (2): 205-227.

[137] Johansson-Stenman O., Carlsson F. and Daruvala D. Measuring future grandparents' preferences for equality and relative standing [J]. *The Economic Journal*, 2002, 112 (479): 362-383.

[138] Knight J., Lina S., Gunatilaka R. Subjective well-being and its determinants in rural China [J]. *China Economic Review*, 2009, 20 (4): 635-649.

[139] Knight J., Gunatilaka R. Great expectations? The subjective well-being of rural-urban migrants in China [J]. *World Development*, 2010, 38 (1): 113-124.

[140] Kahneman D., Knetsch J. L., Thaler R. Fairness as a constraint on profit seeking: Entitlements in the market [J]. *The American Economic Review*, 1986: 728-741.

[141] Kahneman D., Fredrickson B. L., Schreiber C. A., et al., When more pain is preferred to less: Adding a better end [J]. *Psychological Science*, 1993, 4 (6): 401-405.

[142] Kahneman D., Wakker P. P., Sarin R. Back to Bentham? Explorations of experienced utility [J]. *The Quarterly Journal of Economics*, 1997, 112 (2): 375-406.

[143] Kahneman D., Krueger A. B. Developments in the measurement of subjective well-being [J]. *Journal of Economic Perspectives*, 2006, 20 (1): 3-24.

[144] Kindgon G. G., Knight J. Subjective well-being poverty versus income poverty and capabilities poverty [J]. *Journal of Development Studies*, 2006, 42 (7): 1199-1224.

[145] Krueger A. B., Schkade D. A. The reliability of subjective well-being measures [J]. *Journal of Public Economics*, 2008, 92 (8-9): 1833-1845.

[146] Liao P. S., Fu Y. C., Yi C. C. Perceived quality of life in Taiwan and Hong Kong: An intra-culture comparison [J]. *Journal of Happiness Studies*, 2005, 6 (1): 43-67.

[147] Lucas R. E., Diener E., Suh E. Discriminant validity of well-being measures [J]. *Journal of Personality and Social Psychology*, 1996, 71 (3): 616-628.

[148] Lucas R. E., Clark A. E., Georgellis Y., et al., Reexamining adaptation and the set point model of happiness: reactions to changes in marital status [J]. *Journal of Personality and Social Psychology*, 2003, 84 (3): 527-539.

[149] Luechinger S. Valuing air quality using the life satisfaction approach [J]. *The Economic Journal*, 2009, 119 (536): 482-515.

[150] Luechinger S., Raschky P. A. Valuing flood disasters using the life satisfaction approach [J]. *Journal of Public Economics*, 2009, 93 (3-4): 620-633.

[151] Luttmer E. F. P. Neighbors as negatives: Relative earnings and well-being [J]. *The Quarterly Journal of Economics*, 2005, 120 (3): 963-1002.

[152] MacKerron G., Mourato S. Life satisfaction and air quality in London [J]. *Ecological Economics*, 2009, 68 (5): 1441-1453.

[153] McBride M. Relative-income effects on subjective well-being in the cross-section [J].

Journal of Economic Behavior & Organization, 2001, 45 (3): 251 - 278.

[154] Morawetz D., Atia E., Bin - Nun G., et al., Income distribution and self-rated happiness: some empirical evidence [J]. *The Economic Journal*, 1977, 87 (347): 511 - 522.

[155] Ng Y. K. A case for happiness, cardinalism, and interpersonal comparability [J]. *The Economic Journal*, 1997, 107 (445): 1848 - 1858.

[156] Ng Y K. Utility, informed preference, or happiness: Following Harsanyi's argument to its logical conclusion [J]. *Social Choice and Welfare*, 1999, 16 (2): 197 - 216.

[157] Ng Y. K. From preference to happiness: Towards a more complete welfare economics [J]. *Social Choice and Welfare*, 2003, 20 (2): 307 - 350.

[158] O' Connell M. Fairly satisfied: Economic equality, wealth and satisfaction [J]. *Journal of Economic Psychology*, 2004, 25 (3): 297 - 305.

[159] Oswald A. J. Happiness and economic performance [J]. *The Economic Journal*, 1997, 107 (445): 1815 - 1831.

[160] Oswald A. J., Powdthavee N. Does happiness adapt? A longitudinal study of disability with implications for economists and judges [J]. *Journal of Public Economics*, 2008, 92 (5 - 6): 1061 - 1077.

[161] Hellevik O. Economy, values and happiness in Norway [J]. *Journal of Happiness Studies*, 2003, 4 (3): 243 - 283.

[162] Pavot W., Diener E. D., Colvin C. R., et al., Further validation of the Satisfaction with Life Scale: Evidence for the cross-method convergence of well-being measures [J]. *Journal of Personality Assessment*, 1991, 57 (1): 149 - 161.

[163] Rablen M. D. Relativity, rank and the utility of income [J]. *The Economic Journal*, 2008, 118 (528): 801 - 821.

[164] Ravallion M., Lokshin M. Self-rated economic welfare in Russia [J]. *European Economic Review*, 2002, 46 (8): 1453 - 1473.

[165] Redelmeier D. A., Kahneman D. Patients' memories of painful medical treatments: Real-time and retrospective evaluations of two minimally invasive procedures [J]. *Pain*, 1996, 66 (1): 3 - 8.

[166] Rehdanz K., Maddison D. Climate and happiness [J]. *Ecological Economics*, 2005, 52 (1): 111 - 125.

[167] Rehdanz K., Maddison D. Local environmental quality and life-satisfaction in Germany [J]. *Ecological Economics*, 2008, 64 (4): 787 - 797.

[168] Ryff C. D. Happiness is everything, or is it? Explorations on the meaning of psychological well-being [J]. *Journal of Personality and Social Psychology*, 1989, 57 (6): 1069 - 1081.

[169] Scitovsky T. The Joyless Economy: An Inquiry into Human Satisfaction and Consumer

Dissatisfaction [M]. Oxford: Oxford University Press, 1976.

[170] Senik C. When Information Dominates Comparison. A Panel Data Analysis Using Russian Subjective Data [J]. *Journal of Public Economics*, 2004 (88): 2099 – 2123.

[171] Shedler J., Mayman M., Manis M. The illusion of mental health [J]. *American Psychologist*, 1993, 48 (11): 1117.

[172] Shields M. A., Price S. W. Exploring the economic and social determinants of psychological well-being and perceived social support in England [J]. *Journal of the Royal Statistical Society: Series A (Statistics in Society)*, 2005, 168 (3): 513 – 537.

[173] Sloane P. J., Williams H. Job satisfaction, comparison earnings, and gender [J]. *Labour*, 2000, 14 (3): 473 – 502.

[174] Smith D. M., Langa K. M., Kabeto M. U., Ubel, P. Health, wealth, and happiness: Financial resources buffer subjective well-being after the onset of a disability [J]. *Psychological Science*, 2005, 16 (9): 663 – 666.

[175] Solnick S. J., Hemenway D. Is more always better?: A survey on positional concerns [J]. *Journal of Economic Behavior & Organization*, 1998, 37 (3): 373 – 383.

[176] Stutzer A. The role of income aspirations in individual happiness [J]. *Journal of Economic Behavior & Organization*, 2004, 54 (1): 89 – 109.

[177] Urry H. L., Nitschke J. B., Dolski I., et al., Making a life worth living: Neural correlates of well-being [J]. *Psychological Science*, 2004, 15 (6): 367 – 372.

[178] Van Praag B. The welfare function of income in Belgium: An empirical investigation [J]. *European Economic Review*, 1971, 2 (3): 337 – 369.

[179] Van Praag B. M. S., Ordinal and cardinal utility: an integration of the two dimensions of the welfare concept [J]. *Journal of Econometrics*, 1991, 50 (1 – 2): 69 – 89.

[180] Van Praag, B. M. S., Frijters, P. The Measurement of Welfare and Well – Being; The Leyden Approach. In Kahneman, D., Diener, E. and Schwarz, N. (Eds), *Foundations of Hedonic Psychology: Scientific Perspectives on Enjoyment and Suffering*, Chapter 21. New York: Russell Sage Foundation, 1999.

[181] Van de Stadt H., Kapteyn A., Van de Geer S. The Relativity of Utility: Evidence from Panel Data [J]. *Review of Economics and Statistics*, 1985 (67): 179 – 187.

[182] Veenhoven R. Freedom and happiness: A comparative study in forty-four nations in the early 1990s [J]. *Culture and Subjective Well – Being*, 2000: 257 – 288.

[183] Veenhoven R. Quality-of – Life in Individualistic Society: A Comparison of 43 Nations in the Early 1990's [J]. *Social Indicators Research*, 1997 (48): 157 – 186.

[184] Welsch H. Preferences over prosperity and pollution: environmental valuation based on happiness surveys [J]. *Kyklos*, 2002, 55 (4): 473 – 494.

[185] Welsch H. Freedom and rationality as predictors of cross-national happiness patterns: The role of income as a mediating variable [J]. *Journal of Happiness Studies*, 2003, 4 (3): 295 – 321.

[186] Welsch H. Environment and happiness: Valuation of air pollution using life satisfaction data [J]. *Ecological Economics*, 2006, 58 (4): 801 – 813.

[187] Welsch H. Environmental welfare analysis: A life satisfaction approach [J]. *Ecological Economics*, 2007, 62 (3 – 4): 544 – 551.

[188] Winkelmann L., Winkelmann R. Why are the unemployed so unhappy? Evidence from panel data [J]. *Economica*, 1998, 65 (257): 1 – 15.

[189] Winkelmann R. Subjective well-being and the family: Results from an ordered probit model with multiple random effects [J]. *Empirical Economics*, 2005, 30 (3): 749 – 761.